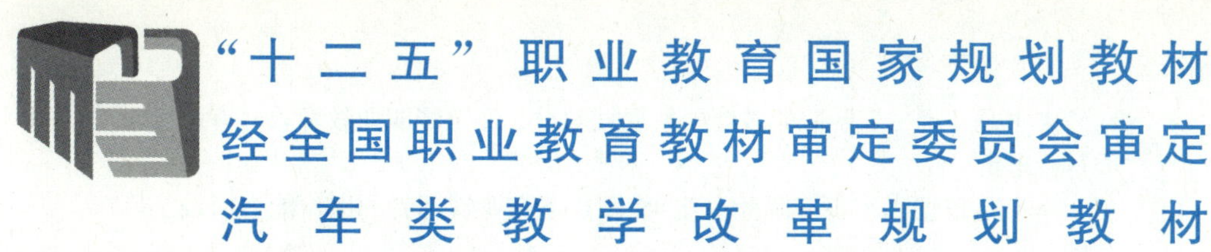

汽车售后服务企业经营与管理

第2版

主　编　赵计平　金　明
副主编　吴敬静　向红艳
参　编　白　云　程　曦
　　　　陈　磊　王亮亮
主　审　简晓春

机械工业出版社

本书是"十二五"职业教育国家规划教材，经全国职业教育教材审定委员会审定。

本书是根据汽车售后服务企业4S模式下企业管理者的岗位能力而编写的。

本书借鉴了国际职业教育的先进教学理念，突出了"以行业需求为导向、以能力为本位、以学生为中心"的原则，把行业能力标准作为专业课程教学目标和鉴定标准，按照能力标准组织教学内容，着重介绍了汽车售后服务企业的经营与管理理念，具体的管理方法和一些基本的业务管理内容。针对学生的学习特征设计教学活动，将教学活动与模拟或真实的工作场所相融合，引用动态的教学鉴定与教学评估相结合，使"动中学、学中练、练中用"，满足学生的学习需求。

本书可作为高职高专汽车类专业教材，也可以作为汽车维修、服务的专业人员的培训教学材料。

本书配有电子课件，凡使用本书作为教材的教师可登录机械工业出版社教育服务网 www.cmpedu.com 下载。咨询邮箱：cmpgaozhi@sina.com。咨询电话：010-88379375。

图书在版编目（CIP）数据

汽车售后服务企业经营与管理 / 赵计平，金明主编．—2版．—北京：机械工业出版社，2016.5（2018.7重印）

"十二五"职业教育国家规划教材　汽车类教学改革规划教材

ISBN 978-7-111-54544-6

Ⅰ．①汽…　Ⅱ．①赵…　②金…　Ⅲ．①汽车—售后服务—企业经营管理—高等职业教育—教材　Ⅳ．① F407.471.6

中国版本图书馆CIP数据核字（2016）第190753号

机械工业出版社（北京市百万庄大街22号　邮政编码　100037）

策划编辑：葛晓慧　　责任编辑：葛晓慧

责任校对：张　力　　封面设计：赵颖喆

责任印制：李　洋

北京宝昌彩色印刷有限公司印刷

2018年7月第2版第2次印刷

184mm×260mm·10.75印张·1插页·242千字

标准书号：ISBN 978-7-111-54544-6

定价：28.00元

凡购本书，如有缺页、倒页、脱页，由本社发行部调换

电话服务

服务咨询热线：010-88379833

读者购书热线：010-88379649

网络服务

机 工 官 网：www.cmpbook.com

机 工 官 博：weibo.com/cmp1952

教育服务网：www.cmpedu.com

金 书 网：www.golden-book.com

前　言

本书为“十二五”职业教育国家规划教材，经全国职业教育教材审定委员会审定。

本书是根据汽车售后服务企业4S模式下企业管理者的岗位能力而编写的。在原书基础上进行了修订，增加了新的案例分析，修订了旧的法律法规及国家标准等，删除了一些不再用到的法律条款，力求使学生掌握新的知识。

本书借鉴了德国、澳大利亚等国际职业教育的先进教学理念，突出了“以行业需求为导向、以能力为本位、以学生为中心”的原则，把行业能力标准作为专业课程教学目标和鉴定标准，按照能力标准组织教学内容，针对高职学生的学习特征设计教学活动。本书设计的教学活动环境主要设置在模拟或真实的工作场所，学生通过动中学活动将知识与技能进行有机的交融；通过系列的学习活动熟悉汽车售后服务企业的工作流程和管理方法；通过小组活动培养学生与人交流、团队合作等关键通识能力；通过案例分析、任务驱动等学习活动培养分析解决问题能力等，使学生主动参与到学习过程中，培养学生的职业道德。本书开发了多种鉴定工具，利于教学中收集学生学习证据，促进学生达到能力标准。同时，还开发了教学评估工具，利于教师和学生及时评估教学质量，分析教学存在问题，调整教学计划和教学方法，满足学生的学习需求。总之，本书编写结构力求学生在“动中学、学中练、练中用”，为推进高职示范教材建设探索新途径。

本书共分为七个项目，按照人的认知规律进行编写，覆盖汽车售后服务企业经营与管理的各个方面。项目一是认识汽车售后服务企业经营模式与管理体系，主要帮助学生认识汽车售后服务企业的管理模式。项目二是汽车售后服务企业流程管理，主要帮助学生理解流程管理的内容，根据企业实际业务流程进行服务。项目三是汽车售后服务企业车间管理，主要帮助学生实施维修车间管理。项目四是汽车售后服务企业安全、环保与4S管理，主要帮助学生学习企业安全、环保和4S的相关知识。项目五是汽车维修配件管理，主要帮助学生学习维修零配件的采购、仓储管理。项目六是汽车保修与保险业务管理，主要帮助学生知道相关业务流程，并能在实际工作中实施。项目七是顾客满意度提升与服务管理，主要帮助学生树立服务意识。

本书可作为高等职业院校汽车技术服务与营销相关专业教学培训的师生用书，是汽车售后服务企业经营者和管理者的专业培训教材，是职业自学者的学习用书。

本书的建议学时为56学时。

本书由重庆工业职业技术学院赵计平、金明共同担任主编，由湖南交通职业技术学院吴敬静、重庆交通大学向红艳担任副主编。书中项目一由向红艳编写，项目二、项目三由金明编写，项目四由程曦编写，项目五由白云编写，项目六由赵计平、陈磊、王亮亮编写，项目七由吴敬静编写。陈磊参与了本书资料的整理工作，王亮亮参与了本书部分图片的整理工作。本书由重庆交通大学简晓春教授担任主审。

本书在编写过程中参考了大量国内外有关书籍和借鉴行业汽车维修手册和培训资料，得到了重庆市汽车维修行业技术专家们的大力支持，谨在此向其作者及资料提供者表示深切的谢意。

由于编者水平有限，书中不妥之处，恳请读者和专家批评、指正。

编　者

目　录

绪　论

1. 学习目标

根据汽车售后服务企业的从业人员须具备的基本素质和岗位能力，本教学材料始终围绕从业人员必需的能力进行编写，通过学习，力求培养学生具有先进的管理理念和服务意识，并能掌握一定的在实际工作中运用实施的管理技巧和方法。该能力由以下方面组成：

基础知识
1）有关职场健康安全法规、环境保护法、设备、材料和个人安全要求知识。
2）与企业管理有关的知识。
3）组织的概念。
4）目标管理的含义。
5）流程管理的含义。
6）设备管理的内容。
7）生产管理（全面质量管理）的内容。
8）安全、环保管理对企业的重要性。
9）4S 管理的内容。
10）维修配件管理。
11）保修管理。
12）保险业务流程。
13）顾客满意度与服务提升管理。

基本技能
1）确认汽车售后服务企业在经营与管理的现状，能针对性地找出存在的问题或是发现企业在经营与管理中的亮点。
2）根据问题或是亮点，总结企业经营与管理的现状。
• 企业的经营模式是什么样的？
• 企业的组织结构是什么？
• 企业的目标是什么？
• 企业的服务流程是什么样的？
• 车间的设备和生产是如何管理的？
• 企业的安全和环保是怎么管理的？
• 企业有没有进行 4S 管理？
• 汽车维修零配件是如何采购和仓储的？
• 保修业务流程是什么样的？
• 保险业务流程是什么样的？
• 企业在经营与管理过程中怎样提升顾客的满意度？
3）对现状进行分析，总结企业在经营与管理中的“得”与“失”。

关键能力

1）收集、分析和组织信息能力。

收集汽车售后服务企业经营与管理的信息和资料，解释先进管理理念和管理方法的历史背景、应用案例。

2）交流想法和信息能力。

• 应用简明的语言和交流技巧，与顾客和团队成员进行交流。

• 应用询问和主动倾听的顾客需求，从顾客处获得信息。

• 应用口头交流向顾客说明维修方案。

3）计划和组织活动能力。

计划维修工作，充分利用时间和资源，区分重点和监督自己工作。

4）团队工作能力。

在团队工作中，理解和响应顾客需求，与他人有效互动，共同完成工作目标。

5）解决问题能力。

找出企业存在的问题的能力和解决问题的灵活方法。

6）应用数学思想和方法能力。

根据测量计算误差，建立质量检验的基本概念。

7）应用技术能力。

在汽车售后服务企业工作中，应用合适的工具、采取合理的方法推进各个岗位的管理能力。

2. 学习前学生应具备的能力

在开始学习这个科目之前，学生必须完成以下能力的学习：

- 确认安全操作规范。
- 运用安全工作条例。
- 使用和维护工具设备、测量仪器。
- 识别汽车零部件与总成。
- 运用商务礼仪技巧。
- 实施汽车维护。

3. 课程学习方法

（1）单元学习内容和学习方法建议。单元学习内容和学习方法建议见表 0-1。

表0-1 单元学习内容和学习方法建议

单元名称（能力要素）	学习内容（能力实作指标）	学习方法建议						
		叙述式	互动式	小组讨论	案例分析	角色扮演	实做演示	现实模拟
项目一　认识汽车售后服务企业经营模式与管理体系	任务一　认识汽车售后服务企业经营模式	√						
	任务二　拟订汽车售后服务企业组织结构	√		√				
	任务三　汽车售后服务企业目标管理	√		√				
项目二　汽车售后服务企业流程管理	任务一　认识汽车售后服务企业服务流程管理的含义	√	√	√	√			
	任务二　“七步法”汽车售后服务流程管理	√	√	√	√	√	√	√

（续）

单元名称（能力要素）	学习内容（能力实作指标）	学习方法建议						
		叙述式	互动式	小组讨论	案例分析	角色扮演	实做演示	现实模拟
项目三　汽车售后服务企业车间管理	任务一　认识汽车售后服务企业车间设施功能定位与区域划分	√		√				
	任务二　汽车维修设备管理	√	√	√				
	任务三　汽车售后服务企业的生产与质量管理	√	√	√				
项目四　汽车售后服务企业安全、环保与4S管理	任务一　汽车售后服务企业安全管理	√	√	√				√
	任务二　汽车售后服务企业环境保护管理	√	√	√				√
	任务三　汽车售后服务企业4S管理	√	√	√	√	√	√	√
项目五　汽车维修配件管理	任务一　维修配件采购管理	√	√	√				√
	任务二　维修配件仓储管理	√	√	√				√
项目六　汽车保修与保险业务管理	任务一　汽车保修业务流程管理	√	√	√	√	√	√	√
	任务二　机动车保险业务流程管理	√	√	√	√	√	√	√
项目七　顾客满意度提升与服务管理	任务一　认识顾客满意度提升与服务基本原理	√	√	√				
	任务二　运用服务方法赢得顾客满意度	√	√	√	√			√
	任务三　顾客满意度追踪调查	√	√	√	√	√	√	√

（2）学习步骤。学生可以按照学习材料在课堂学习（包括实习场地），也可以根据自己具备的基本能力，按照学习材料自己制订学习计划学习。其教学（学习）步骤见图0-1。

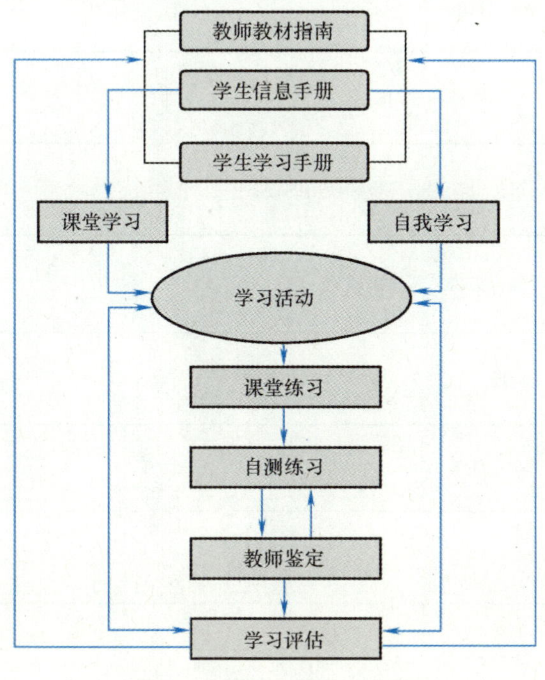

图0-1　教材（学习）步骤

第一步：当你打开学生用书，学习理论知识。

1）学生用书指导（图标提示）你应该做什么？

2）学生用书中的问题考察你的知识点。

3）回答学生用书中的问题。

4）请你的教师鉴定你的学习成果。

第二步：当你完成理论知识部分问题后，进行技能操作学习。

1）进行实做活动。

2）找到你即将工作需要的工具和设备。

3）完成你的学生用书中的实作任务。

4）让教师鉴定你的技能，这可能包含所有文档中的任务。

注意：在你有下列困难时，老师将帮助你继续学习。

- 理论知识。
- 查找资料信息。
- 理解和完成实做任务。
- 理解你为何必须做某些事。
- 学习中任何其他问题。

记住：一定要向你的老师寻求帮助。

（3）图标介绍。在学习中，教师和学习者根据书中图标提示的学习步骤及要求进行教学，图标的含义见表 0-2。

表 0-2　图标的含义

图　　标	图标含义
	学习目标
	学习资源和学习信息
	可提供学习的环境和使用的设备
	安全警告、注意事项
	问题
	实作任务
	学习鉴定
	学习评估

4. 课程学习鉴定指南

（1）鉴定标准。根据汽车售后服务企业的从业人员必须具备的基本素质和岗位能力。

（2）鉴定关键证据。考查学生在变化的工作情况下，采用应对措施的能力，具体包括以下内容：

1）遵守安全操作规范。

2）有效地与相关工作人员和客户交流。

3）选择适合工作情况的管理方法和技能。

4）完成一系列工作准备活动。

5）在规定时间内，完成相应的企业管理有关的表格设计。

（3）鉴定范围。

1）基础知识和技能可以在岗或离岗进行鉴定。

2）实践技能的鉴定应当在经过一段时间的指导实践和重复练习取得经验后进行。不能提供职场实施鉴定，鉴定可以在模拟的工作场所进行。

3）规定的产出也必须在没有直接的指导下完成。

（4）鉴定方法。鉴定必须符合企业生产实际情况和安全操作规范，必须确认知识与技能的一致性和准确性。

（5）鉴定时间安排。鉴定时间安排见图 0-2。

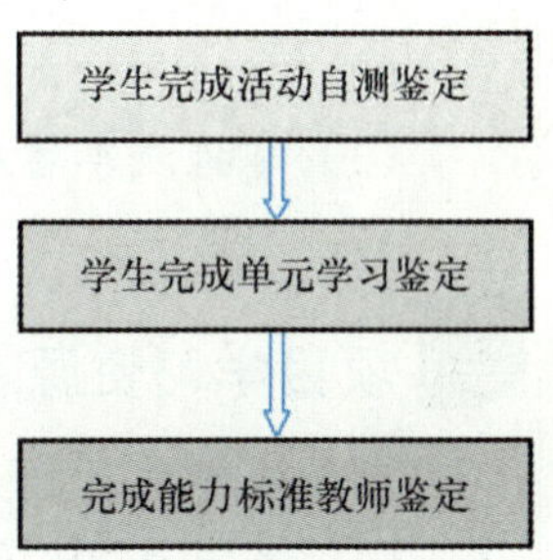

图 0-2　鉴定时间安排

5. 教学评估方法

（1）教学评估目的。教师、学生、教育管理部门应对学生学习需求与效果进行及时反馈，对课程教学活动设计和实施过程进行质量监控，对学生学习参与程度及时检查。

（2）教学评估的标准。根据汽车售后服务企业的从业人员须具备的基本素质和岗位能力要求进行学习效果和学习需求评估。

（3）教学评估计划。教学评估计划见图 0-3。

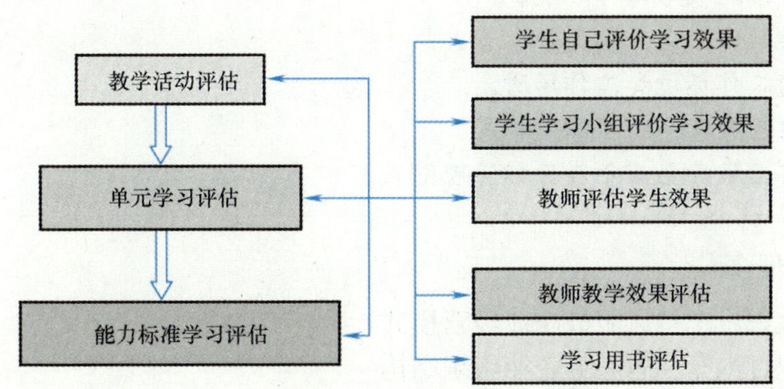

图 0-3　教学评估计划

（4）教学评估工具。本书附有学生评估工具，教师和学生可以使用这些评估工具从小组学习、学习用书、教学方法、学习方法、学习鉴定五个方面开展教学评估。教师也可以根据教学中具体情况，自己设计评估问卷，进行教学评估，监控教学质量。

认识汽车售后服务企业经营模式与管理体系

项目学习目标

通过本项目的学习，认识汽车售后服务企业经营模式和管理体系的相关知识，获得分析汽车售后服务组织结构和运用汽车售后服务汽车考核指标的能力。其具体表现为：

（1）认识汽车售后服务企业4S经营模式。

（2）分析和拟订汽车售后服务企业的组织结构。

（3）掌握汽车售后服务企业目标管理。

项目学习资源

有关汽车售后服务流程管理的资料，可查询文字或电子文档如下：

（1）各汽车4S店的网页。

（2）有关汽车维修行业的法律与法规。

（3）各种介绍汽车售后服务模式的书籍。

可提供学习的环境和使用的设备

（1）汽车4S店售后服务部工作环境。

（2）汽车快修连锁店工作环境。

（3）汽车售后服务企业各岗位职责。

（4）安全的工作环境和工作场所。

（5）汽车售后服务企业组织结构图。

（6）汽车售后服务企业年度目标管理图表。

项目学习任务

任务一　认识汽车售后服务企业经营模式

任务二　拟订汽车售后服务企业组织结构

任务三　汽车售后服务企业目标管理

学生学习目标检查表

任务一　认识汽车售后服务企业经营模式

学习目的

（1）知道美国汽车售后服务企业的经营模式。
（2）知道日本汽车售后服务业的概况。
（3）知道汽车 4S 店的含义。
（4）知道我国三种汽车售后服务模式的特点。

学习信息

案例导入

王先生是一名新车的车主，对于汽车的维护还比较陌生。他在汽车 4S 店购买的新车，本来打算就在 4S 店进行维护，但朋友老李却对他说“把车子开到 4S 店去维护，来回距离几十公里不说，而且维护的价格也比较高。再说了，维护不就是换点润滑油吗？就在家附近随便找个地方把油换了就是，我就是在快修店维护维修，一直也没什么问题啊。”老李是名老驾驶人了，在王先生的朋友圈里算是经验比较丰富的，他的话让王先生非常犹豫，自己的车马上又要到维护周期了，到底去 4S 店维护还是去快修店呢？

王先生经过网上搜索和实地考察后认为：路边随处可见的汽车维修店，是人们在汽车遇到小毛病时经常光顾的地方，费用相对低得多，但存在问题却不少。路边店的大部分维修人员都没有经过专业培训，有的只会做简单的配件拆卸。而且店内设施简陋，只有简单的维修工具。由于有的场地不够，干脆摆在人行道上修理。经常光顾这些店的是一些小毛病不断的出租车、低档车等。修车的钱虽然省了，但质量很难保证。4S 店与快修店的经营利润都是通过材料费和人工费来获取的，而 4S 店的运营成本本身就高于快修店，所以同一原材料，在 4S 店维护费用也会高于快修店。4S 店在车辆维护上较为专业，但有些维修项目价位颇高。两者对比而言，4S 店有其专业之处，快修店也有它便利之处。比如，在交接车手续以及维修效率上，快修店就可节省不少维修时效。

老李驾车很多年了，对于汽车的状况也非常了解，即使不到快修店他也能大概判断出汽车的故障，到快修店确实能节约一定的开支。由于缺乏一定的维修知识和经验，加之平时工作繁忙，王先生很想自己的爱车有个稳定的状态，最终他决定将车开到 4S 店进行维修以图省事、省心。老李和王先生是不同的客户类型，老李经验丰富，节约钱；王先生经验少，图省心。

分析结论

不同类型的顾客对汽车售后服务的要求是不一样的，因此也就有不同模式的售后服务存在。同样，不同的汽车售后服务模式的存在，也就意味着企业的组织结构是可能有区别的。不同模式下的汽车售后服务企业关注的重点也是有差异的，因此这些企业可能运用的考核指标是不尽相同的。

一、美国汽车售后服务企业的经营模式

美国被世人喻为“车轮上的国家”，是全球汽车行业的风向标，它的发展历史值得重视与借鉴。纵观美国汽车售后服务业的发展历史，它走过了一条发展、繁荣、衰落和再兴旺之路。特别是“养换为主，免拆维护，终身使用”的维修观念，使汽车快修养护连锁业兴旺发达，这也反映出汽车维修行业发展的必然规律。

美国的汽车售后服务企业按经营方式可以分为四种类型，即综合型（Full-service Gasoline Stations）、独立型（Independent Garages）、特约型（Automotive Dealerships）和连锁型（Chain Automotive Centers）。20世纪90年代中期，综合型和独立型企业受特约型和连锁型企业发展模式的影响，其数量迅速下降。根据美国蓝市场资源公司（Lang Marketing Resources, Inc.）的调查研究结果，1980～1996年，综合型和独立型企业不断减少，维修企业由原来的227000个减少到了155000个，其中主要是轻型汽车售后服务企业。

汽车售后服务行业连锁经营主要有两种，即特许经营模式和直营连锁模式。

1. 特许经营模式

特许经营模式是指特许人将自己所拥有的商标（包括服务商标）、商号、产品、专利和专有技术、经营模式等以特许经营合同的形式授予被特许人使用。

被特许人按合同规定在特许人统一的业务模式下从事经营活动，并向特许人支付相应的费用。例如，美国国家汽车配件协会（National Automotive Parts Association，NAPA）就是以特许连锁方式组建起来的美国最大的汽车维修美容连锁经营机构，目前，NAPA旗下大小规模的汽车售后服务连锁店多达10500家，在美国50个州星罗棋布。

2. 直营连锁模式

直营连锁模式是指总公司直接经营的连锁店，即由公司总部直接经营、投资、管理各个终端店面的经营形态。总部采取纵深式的管理方式，直接下令掌管所有的零售点，零售点也必须完全接受总部指挥。

直营店的主要任务在“渠道经营”指通过经营渠道的拓展从消费者手中获取利润，因此直营连锁实际上是一种“管理产业”。这是大型垄断商业资本通过吞并、兼并或独资、控股等途径，发展壮大自身实力和规模的一种形式。

汽车地带（AutoZone）集团是全美仅次于NAPA的汽车维修连锁经营企业，它采用直营连锁模式，汽车地带集团的所有的成员企业都归属于汽车地带集团，由汽车地带集团的总部集中领导，统一管理公司的人事、采购、计划、广告、会计和经营方针，实行统一核算制度。各个直营店经理只是雇佣者而非所有者，各个分店都实行标准化经营管理。

二、日本汽车售后服务业特征

在日本通过机动车维护修理业制度对汽车售后服务企业加以界定，运输省通过“认定”和“指定”的方式，规定了各类汽车售后服务企业应具备的技术力量和设备条件及其相应的业务范围。

日本的汽车售后服务企业中个体企业占总数的63.6%，有限公司占22.1%，股份有限公司占13.1%。就企业规模而言，5人以下的占59.46%，10人以下的占78.32%，有职工人数100人和300人以上的分别占3.3%和0.88%。另外，日本营业性汽车售后服务企业

占66.52%，其平均人数为6.9人；汽车销售商兼营汽车售后服务业的占23.17%，平均人数12.4人；大公司自设汽车售后服务企业的占10.31%，平均人数12.4人。日本国土狭小，售后服务企业属地域密集型，大约每710辆汽车就设置1家售后服务企业。日本的汽车售后服务企业要求员工具备多种能力，从接待、维修、配件出库乃至洗车都有可能由一个人单独完成。

三、我国汽车售后服务经营模式

20世纪90年代中后期，我国引进国外汽车售后服务业的先进管理方法和维修技术，使得汽车售后服务业有了全新的发展。汽车售后服务企业常见的经营模式有4S店、快修店和个体户三种。

1. 汽车4S店

4S店是集汽车销售、售后服务、配件和信息服务为一体的销售店。4S店是一种以“四位一体”为核心的汽车特许经营模式，包括整车销售（Sale）、零配件（Spare Part）、售后服务（Service）、信息反馈（Survey）等。它拥有统一的外观形象，统一的标志，统一的管理标准，只经营单一的品牌的特点。汽车4S店是一种个性突出的有形市场，具有渠道一致性和统一的文化理念，4S店在提升汽车品牌、汽车生产企业形象上的优势是显而易见的。

4S店模式自1999年由欧洲传入我国以后，逐步得到了市场和消费者的认可，目前开始步入飞速发展时期，被认为是我国汽车销售模式与国际接轨的标志。统一的店面格局及标准，统一的整车销售价格，高质量的维修，人性化的服务，协调一致的广告推广，迅速的信息反馈及索赔等，使得顾客产生了对品牌的认可和信任，增加了购买汽车的安全感，为汽车厂商在中国树立品牌形象起到了不可替代的作用。而品牌的形象、标准化的服务及作业、及时的配件供应、技术资料的提供、技术培训及专业化的设备支援，为经销商在当地树立自己的品牌形象，扩大销售，增加稳定顾客资源，增加经济效益等方面，也起到了保障作用。最重要的是4S店的逐步完善和改进，不仅使得顾客有了买车的安全感，也确确实实使顾客享受到了国际化、标准化的服务，使顾客满意度进一步提升。

汽车4S店是汽车售后服务企业的一种类型，就其售后服务的功能而言，它为用户提供厂家委托的质量担保服务，以及超出保修期后自费享受的维护以及维修等服务项目。汽车售后服务需要经营场所、专用设备、诊断仪器、专用工具、专业人员、技术支持等一系列条件作为保障，缺一不可。另外，汽车售后服务是维系汽车4S店生存和发展的主要经济获取和利润来源，对提高顾客的忠诚度实现“再次”购车起着决定性的作用。

随着中国加入世贸组织，我国汽车市场发展迅猛，4S店模式在我国汽车市场中取得了成功。目前，全国的汽车4S店的数目大约有2.5万家，投资主体有外资企业、合资企业，也有民营企业，同时朝着规模化、集团化的方向发展。

汽车4S店是目前国内汽车售后服务企业的主流经营模式，本书所有项目和任务的相关汽车售后服务企业经营和管理知识都将以此模式为基础进行介绍。

2. 汽车快修店

汽车快修店没有明确的概念，一般来说，汽车快修店指的是针对汽车售后服务的一些具体项目而设置的企业。快修店不像4S店那样依附于汽车品牌厂商，投资规模远小于4S店，而且不只针对单一品牌的车型服务。汽车快修经营满足了消费者对汽车售后服务的方便、快捷、优质、实惠等需求。目前，在我国汽车售后市场中，汽车快修经营可细分为国际品牌连锁、国内品牌连锁和专业维修非连锁经营快修等。

源于德国的博世汽车在全球100多个国家和地区建立了超过10000家的博世汽车售后服务企业，在中国有500多家博世汽车售后服务企业，博世汽车已然成为我国目前最大的汽车售后服务组织。博世汽车建立的统一的汽车服务体系集硬件（博世汽车零配件、检测设备）与软件（技术鉴定、培训和管理理念）于一身，以保证给每位顾客提供正牌的产品和及时优质的维护与维修服务。博世汽车利用其研发和零部件生产制造的优势对其加盟汽车售后服务企业提供技术培训、零部件供应、检测设备供应等服务，使得博世汽车的售后服务企业能标准化地对全部车型提供服务。

几乎每个地区都有各自的发展特点，国内品牌连锁快修店一般是当地知名的汽车维修企业发展起来的，快修店在我国的发展历史较短，许多国内品牌还仅仅是当地“知名”，真正意义上上规模的全国连锁还不多见。国内品牌连锁快修店一般具有汽车综合故障的诊断和维修的能力，对于常见项目（如汽车维护）具备较快的维修速度，较好的维修质量。由于这些快修店受到管理方法、人员储备、资金技术、零部件供应等多方面的制约，还没有形成与国际品牌连锁店抗衡的能力，但这些快修店充分理解国内的消费环境，顾客的喜好，因此其生存空间是足够的，其发展速度值得期待。例如，浙江省杭州市现有四大知名快修（连锁）品牌中“元通”在浙江省有8家门店，其中杭州地区有7家；“金丰”在浙江省发展了54家加盟店，其中杭州地区有8家；“小拇指”全国连锁店189家，浙江省有126家，杭州地区有22家；“车骑士”全国有70家，浙江省67家，杭州地区有12家。又如，四川省成都市最大的精典汽车快修连锁店在当地达到40余家门店。

3. 个体户

个体户一般是指个人投资、规模较小的汽车维护店面，分布于大街小巷，服务项目较单一。严格意义来说，个体户还不能被称作是企业，它们的人员配备不齐全，极少员工接受过汽车维护方面系统的学习或培训，汽车检测设备和维修工具十分有限，零配件的供应依赖于零配件市场，因此对汽车售后服务的质量存在较大的波动。但因其收费相对低廉，仍具有一定的市场。

回答下列问题

1. 判断下面说法的正确性，请在对应的“□”中打上“√”。

（1）汽车售后服务企业就是汽车维修企业。

正确 □　　　　错误 □

（2）我国汽车售后服务企业一般都是由国有企业或民营企业投资兴建的。

正确 □　　　　错误 □

（3）NAPA 是美国最大的汽车维修美容连锁经营机构。

正确　□　　　　　　错误　□

（4）日本的汽车维修企业员工人数都非常多，因为日本地域狭小，车辆众多。

正确　□　　　　　　错误　□

（5）4S 店模式是中国汽车售后服务企业的主流模式，目前是最大的能够保障顾客权益的经营模式。

正确　□　　　　　　错误　□

（6）个体户是规模较小，经营灵活的汽车售后服务企业常见的模式。

正确　□　　　　　　错误　□

2. 收集相关资料，仔细分析不同类型的汽车售后服务企业，对各自特点进行总结，并填写在表 1-1 中。

表 1-1　不同类型的汽车售后服务企业的特点

特点 \ 经营模式	4S 店	连锁快修店	"个体户"
投资成本			
便捷程度			
维修质量			
服务内容（救援、车友会）			
服务质量			
收费标准			

任务一　自测表

在教师签字前，你应在教师的帮助下，找出所有的错误，进行改正	
	回答
说出美国汽车售后服务企业的经营模式	
说出日本汽车售后服务业的特征	
说出汽车 4S 店的含义	
说出我国三种汽车售后服务模式的特点	
教师签字 ____________ 日期 ____________ 学生签字 ____________ 日期 ____________	

任务二　拟订汽车售后服务企业组织结构

学习目的

（1）认识企业组织的含义和类型。

（2）知道汽车售后服务企业的组织结构类型和岗位职责。

（3）学会拟订汽车售后服务企业组织结构。

学习信息

案例导入

康洁利公司是一家中外合资的高科技专业涂料生产企业，总投资594万美元，其中中方占有60%的股份，外方占有40%的股份，生产多彩花纹涂料等11大系列高档涂料产品。康洁利公司引进的先进技术、设备和原材料均来自美国，中外双方都认为由美国人来管理公司有利于消化吸收引进技术和提高工作效率，于是米勒先生就顺利地担任了这家公司的总经理，中方推荐两名副总经理参与管理。

米勒先生年近花甲，身心爽健，充满自信，有18年管理涂料生产企业的经验，自称“血管里流淌的都是涂料”，对振兴康洁利公司胸有成竹。然而一年过去了，米勒先生却被公司“炒鱿鱼”，失望地返美。米勒先生曾经在日本、荷兰主持建立并成功地管理过涂料工厂，有丰富的管理经验。究其失败的原因，主要是他不了解中国的实际情况，完全照搬他过去惯用的企业管理模式，“要让康洁利公司变成一个纯美国式的企业”，米勒先生煞费苦心地完全按照美国的模式设置了公司的组织结构。在管理体制上，米勒先生试图建立一套分层管理制度：总经理只管两个副总经理，下面再一层管一层。但他不知道，这套制度在中国，如果没有上下级间心灵沟通与相互间的了解和信任，会出现什么样的状况和局面。最后的结果是，造成管理混乱，人心涣散，员工普遍缺乏主动性，工作效率大大降低。

康洁利公司在米勒走后，选择了一位懂经营管理，富有开拓精神的年轻副厂长任总经理，并组成了新的领导班子。新的领导班子迅速调整了组织结构，制定了新的规章制度，调动了全体员工的积极性，很快让企业走上了良性循环，实现了盈利。

分析结论

在企业一定的经营模式情况下，企业根据自身的情况设立其组织结构，并让其组织结构随着内外环境的变化而不断改善。组织内的分工是因人而异的，成员的重要性由能力和贡献来决定。能力有区别，贡献有大小，好的组织能让恰当的人在恰当的位置发挥恰当的作用。人员的指示命令系统对保障顺畅的组织运营来说非常重要。应以充分发挥汽车售后服务企业的运营功能为前提，在综合人员的经验、能力、年龄等情况后制订该系统的结构。

一、组织的含义

从管理学的角度，可以给组织下这样的定义：组织是为有效地配置内部有限资源，为了实现一定的共同目标而按照一定的规则、程序所构成的一种责权结构和人事安排，其目的在于确保以最高的效率使组织目标得以实现。

组织实体是为实现某一共同目标，经由分工与合作及不同层次的权力和责任制度而构成，并与外部环境相适应的有机结合体。这里包含了以下四层含义：

（1）组织必须具有共同的目标。目标是组织存在的前提，因为任何组织都是为了某种目标而存在的。汽车售后服务企业的目标就是为社会提供汽车维修和服务而获取盈利。

（2）组织必须有分工与合作。这是组织目标所决定的。企业为了达到经营目标，有采购、生产、销售、财务、人事等许多部门，每个部门都是从事专门的工作，但又要相互配合。

（3）组织必须有不同层次的权利与职责。这是由于有分工，就要赋予每个部门以至每个人相应的权利和职责，不然，就无法保证组织目标的实现。组织成员都要履行自己的职责，也就必须拥有履行职责的必要权力，有权无责或有责无权都不利于达成组织的目标。

（4）组织必须适应环境。作为一个组织系统，是社会大系统的子系统，子系统必须要适应大系统，才能有生存和发展的条件。如果一个组织不能适应环境，这个组织总有一天要崩溃或解体。

二、组织结构类型

组织结构是表现组织各部分排列顺序、空间位置、聚集状态、联系方式以及各要素之间相互关系的一种模式，它是执行管理和经营任务的机制。好比人体的骨架一样，组织结构在管理系统中起着“框架”的作用，有了它才可能有系统中人流、物流、信息流的流通。组织结构的合理完善，很大程度上决定了组织能否顺利实现目标，能否促进个人在实现目标过程中做出贡献。

对于不同性质、不同规模的组织来说，组织结构多种多样。在实际的管理工作中，至少可以发现有二十多种不同类型的组织结构，但它们都是由一些基本类型组合而成的。常见的组织结构的类型有以下六种。

1. 直线型组织结构

直线型组织结构是最古老、最简单的一种组织结构形式。它的特点是：组织中各种职务按垂直系统直线排列，各级主管人员对所属下级拥有直线的领导职权，组织中每一个人只能向一个直接上级报告，组织中不设专门的职能机构，至多有几名助手协助最高层管理者工作。直线型组织结构示意图见图 1-1。

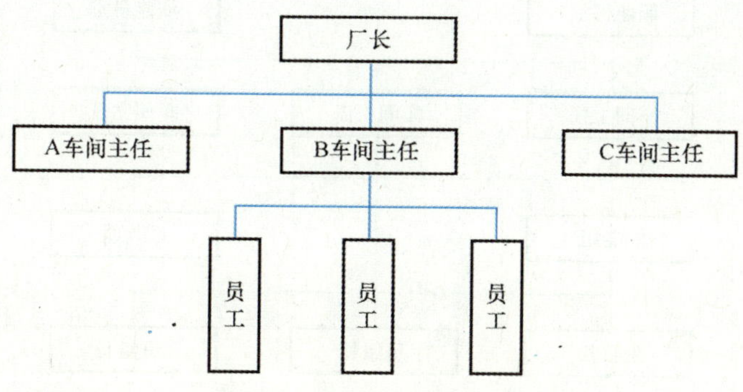

图 1-1　直线型组织结构示意图

2. 职能型组织结构

职能型组织结构的特点是：采用专业分工的管理者，代替直线型组织中的全能型管理者。组织内除直线主管外还相应地设立一些组织机构，分担某些职能管理的业务。这些职能机构有权在自己的业务范围内向下级单位下达命令和指示，因此下级直线主管除了接受上级主管的领导外，还必须接受上级职能机构在其专业领域的领导和指示。职能型组织结构示意图见图 1-2。

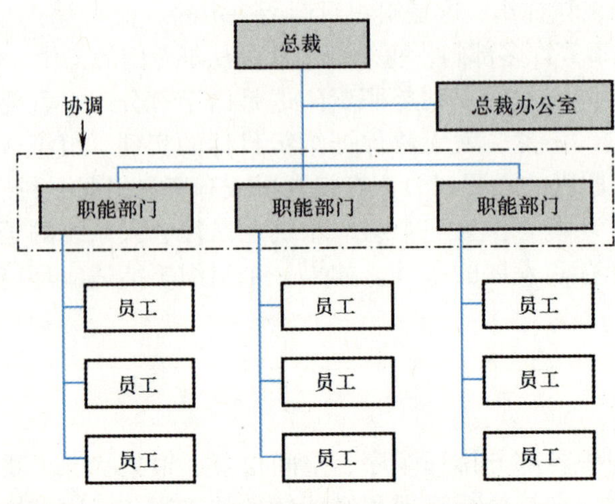

图 1-2　职能型组织结构示意图

3. 直线职能型组织结构

直线职能组织结构是对职能型组织结构的改进，是以直线型组织为基础，在各级直线主管之下，设置相应的职能部门，即设置了两套系统：一套是按命令统一原则组织的指挥系统；另一套是按专业化原则组织的管理职能系统。其特点是：直线部门和人员在自己的职责范围内有决定权，对其所属下级的工作进行指挥和命令，并负全部责任；而职能部门和人员仅是直线主管的参谋，只能对下级机构提供建议和业务指导，没有指挥和命令的权力。直线职能型组织结构示意图见图 1-3。

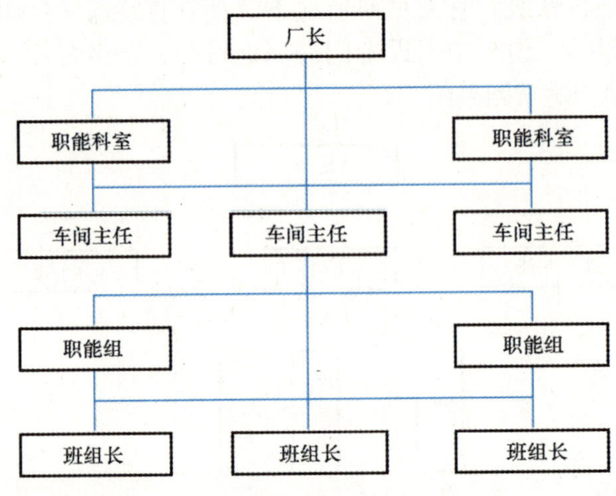

图 1-3　直线职能型组织结构示意图

4. 事业部制组织结构

事业部制组织结构最初由美国通用汽车公司副总经理斯隆创立，所以又称“斯隆模型”，由于是分权制组织形式，也称“联邦分权化”。它是在产品部门化基础上建立起来的。组织的最高层领导下设多个事业部，各事业部有各自独立的产品市场、责任和利益，实行独立核算的一种分权管理组织结构。同时，事关大政方针、长远目标以及一些全局性的重大决策集中在总部，以保证企业的统一性。这种组织结构形式最突出的特点是“集中决策，分散经营”，即组织最高层集中决策，事业部独立经营。事业部制组织结构示意图见图 1-4。

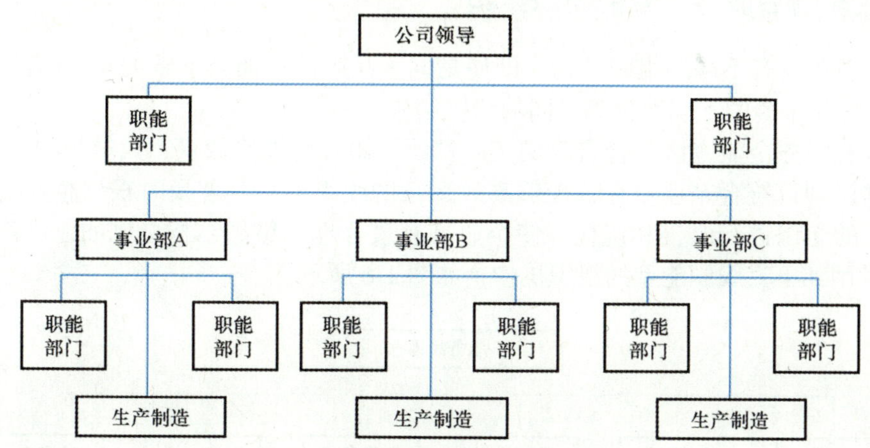

图 1-4　事业部制组织结构示意图

5. 矩阵型组织结构

矩阵型组织结构是按职能划分的部门和按产品（或项目，或服务等）划分的部门结合起来组成一个矩阵，使同一个员工既同原职能部门保持组织与业务的联系，又参加产品或项目小组的工作，即在直线职能型基础上，再增加一种横向的领导关系。为了保证完成一定的管理目标，每个项目小组都设负责人，在组织最高主管直接领导下进行工作。这种组织结构的特点是打破了传统的一个员工只有一个上司的命令统一原则，使一个员工属于两个甚至两个以上的部门。矩阵型组织结构示意图见图 1-5。

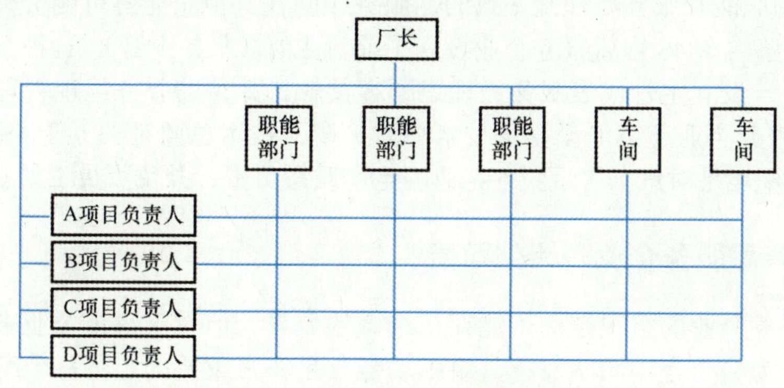

图 1-5　矩阵型组织结构示意图

6. 新型组织结构

近 20 年来，人类社会面临着国际上政治、经济、社会等方面的巨大变化，企业体制正在发生巨变，企业为适应环境变化和提高内部运行效率，创造出了一些新的组织结构。例如网络结构，其特色是将企业内部各项工作（包括生产、销售、财务等），通过承包合同交给不同的专门企业去承担，而总公司只保留为数有限的职员，它的主要工作是制定政策及协调各承包公司的关系。又如团队结构，是一种为了实现某一目标而由相互协作的个体组成的正式群体。又如虚拟结构，是一种只有很小规模的核心组织，以合同为基础，依靠其他商业职能组织进行制造、分销、营销或其他关键业务的经营活动的结构。

三、汽车售后服务企业的组织结构

不同的企业具有不同的组织结构，即使是同一品牌的厂商其下辖的4S店有可能因为人员经验、能力和年龄的不同而具备不同的组织结构。

汽车售后服务企业应该结合自身的实际情况（如入场维修数量、人员规模等），按照品牌厂家的建议制订符合企业目标，能够高效运营的组织架构，并及时根据企业的发展状况不断对企业的组织进行改善和优化，使企业具有最合理的组织结构。例如，一汽丰田旗下4S店大多采用如下直线职能型的组织机构，如图1-6所示。

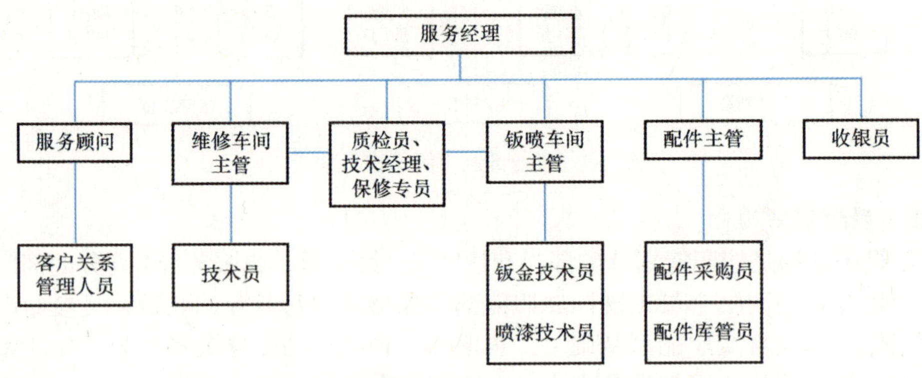

图1-6 一汽丰田旗下4S店组织机构示意图

某些汽车4S售后服务企业将服务经理称为服务总监。例如，在一汽大众（含奥迪品牌），服务总监的职能和服务经理是一致的，服务顾问在其他企业有可能被称为维修前台或是前台接待。某些汽车4S售后服务企业设立了前台主管（服务主管），这种企业一般是在业务繁忙的情况下，设立主管代表服务经理跟顾客接触，并帮助服务经理管理服务顾问。某些汽车4S售后服务企业还可能设立了技术总监一职，技术总监是独立于4S店流程运营的单独职位，主要职能是对汽车售后服务企业的生产质量负责，并负责员工的技术培训。

四、汽车售后服务企业各岗位职责

汽车售后服务企业的组织结构可能存在细微的差异，但对于每个企业来讲，各组织成员明确职责，作为一个合作团队发挥其组织功能，是非常重要的。将每个组织成员的工作内容和前期组织架构图发给所有组织成员，或者张贴在醒目的地方，使所有人都能充分了解。职责内容可不局限于下列规定，应根据每个员工的能力和经验进行适当变更。以下以一汽丰田汽车销售有限公司为例对相关岗位的建议职责做一个介绍。

1. 服务经理的职责

服务经理的职责主要包括以下十项：

（1）设定维修服务和配件销售的目标（有偿入库台数、工时费营业额、配件销售额、生产能力指标等）。

（2）管理目标和实际业绩，做出评价并制定政策（采用图表等可视化方法）。

（3）员工的人事管理（健康管理、员工满意）、业绩评估。

（4）以人才培养和实现目标为目的，掌握每个人的培训需要，进行必要的培训或安排其参加培训。

（5）制订业务流程。

（6）处理客户投诉。

（7）同销售及财务等其他部门合作，和总经理进行沟通。

（8）管理日常业务进度，发现和处理异常情况。

（9）遵守品牌厂商的要求和委托事项（如车辆召回、服务宣传活动、顾客满意改善等）。

（10）向厂商报告市场技术问题。

2. 车间主管的职责

车间主管的职责主要包括以下 14 项：

（1）根据每个工单的难度，给技术员派工。

（2）进行维修进度管理，针对延长作业时间及追加作业项目联系服务顾问。

（3）管理并监督维修作业，必要时对技术员进行技术指导、对故障诊断进行技术支持。

（4）实施完工检查（也可由质检员进行，但要做最终确认）。

（5）完全了解工单中记录的客户的维修要求。

（6）追究返修原因和防止再次出现返修。

（7）维护和采购维修设备。

（8）维修车间的 4S 管理。

（9）保管和管理索赔配件。

（10）管理技术员的出勤情况。

（11）填写技术报告。

（12）指导 PDS（Pre-Delivery Service，即新车交车前服务）。

（13）杜绝返修。

（14）开展环保活动、指导员工工作。

3. 服务顾问的职责

服务顾问的主要职责是贯彻服务流程，具体包括以下八项：

（1）预约接待（也可设专职接待人员）、制作和管理预约接待表。

（2）接待来店顾客。

（3）根据顾客的维修需求，正确填写工单，并请客户对作业内容认可并签字。

（4）当发生追加作业，且预计超过报价金额，或需延期交车时，应获得客户的理解。

（5）应向等待维修的客户报告作业进展情况。

（6）登记顾客信息，记录作业内容和同客户的联络内容，向顾客推荐下一次的入厂维修。

（7）掌握车辆维修进度。

（8）对事故车进行报价，和保险公司交涉。

4. 客户关系管理人员的职责

客户关系管理人员的职责主要包括以下四项：

（1）入厂维修后的电话回访。

（2）电话回访中向客户推荐下一次入厂维修。

（3）维护更新客户资料。

（4）协助或组织售后服务客户活动。

5. 质检员的职责

质检员的职责主要包括以下两项：

（1）修理过程中的检查（发动机、制动器、转向系统等大修）和完工检查。

（2）完工检查后的技师指导、培训。

6. 技术员的职责

技术员的职责主要包括以下六项：

（1）彻底修理故障车辆。

（2）在有可能追加维修项目、延长作业时间时，应迅速向车间主任报告。

（3）进行新车型和新系统的培训，掌握厂商提供的技术信息。

（4）提高技术能力（接受培训、自学，如在空余时间时学习修理手册等资料）。

（5）维修车间的4S推广。

（6）环保活动（适当处理废油和更换下来的配件）。

7. 保修专员的职责

保修专员的职责主要包括以下三项：

（1）保修申请单的填写和结算、被退保修申请单的再申请。

（2）保修费用的管理。

（3）索赔配件的管理。

8. 配件主管的职责

配件主管的职责主要包括以下四项：

（1）进行正确的配件库存管理。

（2）订购配件。

（3）检索维修中需要的配件编号并出货，为预约维修的车辆实现备货。

（4）管理在途配件和紧急订货。

9. 顾客休息室工作人员的职责

顾客休息室工作人员的职责主要包括以下六项：

（1）在顾客休息区迎接顾客。

（2）给顾客端茶，随时准备续茶。

（3）配合清扫人员，保持休息区所有设施干净、整齐。

（4）每天早晨开始营业前检查报纸和杂志，随时更新。

（5）应掌握休息区内各个设施的使用方法和注意事项，根据实际情况向客户进行说明。随时调节室内温度和照明度，并进行通风换气。

（6）保持休息区愉快轻松的气氛，配合客户和担当者之间的沟通。

回答下列问题

1．判断下面说法的正确性，请在对应的“□”中打上“√”。

（1）企业的组织结构一旦确立，一般不用再进行变化。

正确　□　　　　错误　□

（2）组织是为有效地配置内部有限资源，为了实现一定的共同目标而按照一定的规则、程序所构成的一种责权结构和人事安排，其目的在于确保以最高的效率使组织目标得以实现。

正确　□　　　　错误　□

（3）在实际的管理工作中，只有六种不同类型的组织结构。

正确　□　　　　错误　□

（4）某机电维修工临时需要请假，他应该首先向服务经理报告，因为服务经理的职责之一就是负责员工的人事管理。

正确　□　　　　错误　□

（5）车间技术员在更换下保修配件后，应将更换下来的配件交由配件管理员进行统一管理。

正确　□　　　　错误　□

2．根据车间主管的工作职责，你认为担任车间主管应具备什么样的能力？请你设计担任车间主管的某一天应该做哪些事情？

____

____

____

____

____

____

学习完本任务后，完成下列任务

在老师的带领下，参观某汽车4S店或汽车快修连锁店，画出该企业的组织结构图，并指出其属于哪种类型。

任务二　自测表

在教师签字前，你应在教师的帮助下，找出所有的错误，进行改正	
	回答
说出企业组织的含义和类型	
说出汽车售后服务企业的组织中各岗位的职责	

教师签字 ________________ 日期 ________________

学生签字 ________________ 日期 ________________

任务三　汽车售后服务企业目标管理

学习目的

（1）认识目标管理的含义与特点。

（2）知道汽车售后服务企业基本年度计划运营的方式。

（3）运用主要服务目标（MSI）指标。

学习信息

案例导入

马狮公司本是英国一间小百货公司，它将主要目标定位为社会革命，而不仅仅是普通的零售业务。由此造就了马狮公司的增长奇迹。

所谓社会革命是和英国当时的社会现实紧密相连的，人的阶级属性靠穿着来区分。上流社会的人穿着时髦而且精致，而下层人士则衣衫褴褛。马狮公司决定通过给下层人士提供物美价廉的衣物来突破社会阶级壁垒。公司一旦做出了此项战略决策后，就将全部精力都集中在这个唯一的目标上。

为实现公司目标，马狮公司特别注意招募、培训和发展管理人员。同时，马狮公司决定去开发新的织物和漂染原料，提供有吸引力的廉价服装。马狮公司没有设定任何特定的利润目标，但还是取得了远高于行业平均水平的利润率。马狮公司的发展是成功应用目标管理的经典案例。

分析结论

在汽车售后服务企业确定了其汽车售后服务模式、组织结构后，管理者应该通过目标对下级进行管理，当组织最高层管理者确定了组织目标后，必须对其进行有效分解，转变成各个部门以及各个人的分目标，管理者根据分目标的完成情况对下级进行考核、评价和奖惩。

一、目标管理的含义与特点

1. 目标管理的含义

目标管理（Management by Objective，MBO）的概念是管理专家彼得·德鲁克（Peter Drucker）于1954年在其著作《管理的实践》中最先提出的，其后他又提出“目标管理和自我控制”的主张。德鲁克认为，并不是有了工作才有目标，而是相反，有了目标才能确定每个人的工作。所以“企业的使命和任务，必须转化为目标”，如果一个领域没有目标，这个领域的工作必然被忽视。

目标管理是指一种程序或过程，它使组织中的上级和下级一起协商，根据组织的使命确定一定时期内组织的总目标，由此决定上级、下级的责任和分目标，并把这些目标作为组织经营、评估和奖励每个单位和个人贡献的标准。

目标管理提出以后，便在美国迅速流传。时值第二次世界大战后西方经济由恢复转向迅速发展的时期，企业急需采用新的方法调动员工积极性以提高竞争能力，目标管理的出现可谓应运而生，遂被广泛应用，并很快为日本、西欧国家的企业所仿效，在世界管理界大行其道。

2. 目标管理的特点

（1）目标管理是全员参与管理的一种形式。目标的实现者同时也是目标的制订者，即由上级与下级在一起共同确定目标。

（2）强调自我控制。目标管理的主旨在于用“自我控制的管理”代替“压制性的管理”，它使管理人员能够控制他们自己的成绩。

（3）促使下放权力。目标管理有助于协调集权和分权的矛盾，促使权力下放。

（4）注重成果第一的方针。目标管理力求组织目标与个人目标更密切地结合在一起，以增强员工在工作中的满足感，这对于调动员工的积极性，增强组织的凝聚力起到了很好的作用。

与传统管理相比较，目标管理是有一定的差异的，具体见表1-2。

表1-2　目标管理与传统管理的差异

特点＼管理方式	传统管理	目标管理
如何看待利润	目标就是利润最大化	利润是实现一系列目标后的间接结果
如何看待驱动	过程驱动，认为过程带来结果	目标驱动，认为目标带来结果
如何看待过程	强调规则、程序和制度	第一是目标，其次才是过程
如何看待控制	靠奖惩来鞭策员工	员工自我约束并注重自我发展
管理类型	听命式管理	参与式管理
管理重点	重点是关注谁是对的，容易发生冲突	重点是关注什么是对的，鼓励团队合作
适应情况	刚性企业，程序性员工	柔性企业，知识型员工

二、汽车售后服务企业的服务目标管理

服务目标被认为是汽车售后服务企业目标管理的重要组成部分，服务目标可以分解为汽车售后服务企业基本年度计划，中期计划和主要服务指标，这是根据管理战略需要分阶段来确立的。

在汽车售后服务部门中服务经理的职责是建立部门服务目标，培养服务人员之间的合作精神，并提供支持和指导，以此让员工可以达到这些目标。除处理日常事务，如工作分配、投诉处理、销售图表分析或维修车辆记录等工作外，服务经理更重要的职能是明确服务目标，制订详细的活动计划以及执行措施并管理这些计划。服务目标经常作为管理战略的一部分从总经理处传达下来。尽管如此，如果未制订服务目标的话，必须与总经理协调制订，并介绍给员工。

1. 建立服务目标的目的

（1）通过确立服务目标，以及仔细考察服务市场状况和实际工作条件，制订并贯彻详细的执行计划。

（2）保证工作必须按照计划、标准和最初时间表进行，并不断地监控和测评。

（3）针对任何意外情况，制订新策略，包括适当的指导和支持，以让员工能够完成目标。

2. 汽车售后服务企业基本年度计划

汽车售后服务企业基本年度计划是指在一年中企业的发展方向，发展目标，对重大事项做出预算或是计划。其制订步骤如下：

（1）提出目标。提出切合实际的目标至关重要，其具体内容包括：

1）为实现服务部门的目标，对执行方法和如何有效完成工作制订计划。

2）通过确定部门的发展方向和必须达成的目标，统一所有服务员工的意识。

3）提升服务员工的主观能动性，以使服务经理免于陷入繁杂的日常事务。

（2）确定计划制订方法。如果总经理没有提供服务目标，服务经理必须在考虑以下条目的基础上制订目标。

1）基于上一年度的表现确立本年度服务目标。

2）基于对上一年度的反省（如问题）建立本年度优先计划（如改善建议）。

3）制订详细的执行计划（如优先顺序计划、设备计划）。

（3）确定计划制订重点。它是指在计划制订时必须详加考虑的地方。

1）年度计划必须与基本管理政策相符，必须遵守由上级确立并垂直传达给下级的目标。

2）初始目标必须保持连续性和协调性，以防侵害其他部门的工作。

3）以上两点发生问题和错误时，必须进行彻底研究，制订改善计划。

4）按照以下方式思考，开发新政策：

哪些政策需要终止——是否有陈旧的，或者不适合在当前运用的措施？

哪些政策需要完善——是否有必须建立的新规定？

哪些政策需要保持——是否有必须列为日常事务的标准？

5）按照5W2H原则制订详细计划。5W2H，即Why——目标，目的；What——要做什么，有何特性；Who——谁参与；Where——发生地点，场所；When——什么时候，到何时为止；How——怎么做，何种方法；How much——预算，必要费用预算。为了制定一项政策，

必须仔细研究前一时期或去年同期的业绩。这是因为业绩代表了一项业务政策的活动成果。因此，了解什么样的政策和计划取得了什么样的成果是很重要的。

6）尽可能地让员工参与到制订这些计划的过程中。

7）将基本政策用简洁明了的语言草拟出来，以使大家理解。对已达成的业务目标，以及优先改善项目的进展进行总结。将结果进行分析，并将其向总经理报告。同时，向服务员工通报要点，如维修台次，投诉及其原因。

3. 汽车售后服务企业中期计划（以未来三年为例）

汽车售后服务企业中期计划是企业管理战略的重要组成部分，企业不仅要做好年度工作、日常工作，也需要有较长远的发展规划，对未来几年的市场环境、业务范围、产量产能做出预测和判断，以使企业在不断变化的市场环境中立于不败之地。

服务目标管理不但要注重短期效果，更要围绕中期计划展开，因此中期计划需要包含着眼于未来的因素（如未来前景、进度以及进展速度）。

（1）中期计划目标。中期计划目标通常包含以下内容：

1）预测未来市场，并快速适应市场的任何变化（定性和定量），如扩大服务企业的服务能力。

2）强调服务企业对于投资人的重要性，并鼓励其对服务企业的投资。

3）明确计划内服务业务的增长和扩展。

（2）中期计划制订方法。以企业现有的中期计划为基础（如资本投资、员工数量、新车销售量），总经理将提出中期计划以供讨论；如果没有现成的计划则应在总经理对未来规划的基础上（如提升售后服务市场占有率），研讨制订。

（3）制订计划应具备的条件。中期目标计划的制订应注重全面且具有可操作性，具体条件包括：

1）业务目标（例如，在销售量增加或现役车次增加基础上的维修台次）。

2）为实现上述目标的服务容量扩展（如增加维修车间数量，装修客户休息室）。

3）员工计划（如聘请技师，培训服务顾问）。

4）设施计划（如扩大服务部规模）。

4. 汽车售后服务企业主要服务指标

汽车售后服务企业的年度政策和业务目标主要用主要服务指标（Major Service Indicators，MSI）进行监控。MSI可以让总经理和服务经理监控服务部门的每日绩效，并针对预设的年度计划进行比较。因此，服务经理应具备MSI术语、定义和计算方法的基本知识。

（1）MSI管理的目标。汽车售后服务企业MSI管理的目标主要由三部门构成，MSI管理的目标见表1-3。

表1-3　MSI管理的目标

序　号	管理的内容	描　述
1	达到业绩目标	MSI是基于预设目标，监控其执行进度的精确管理工具。通过应用MSI，服务经理可以基于目标理念进行管理，从而达到业绩目标
2	找到服务部门缺点	通过与他店的业绩进行比较，可以发现服务部的弱点区域，并采取相应措施，以阻止有偿维修台数的下降
3	制订未来发展计划	为服务部门将来的扩展制订计划。例如，招聘员工，增加工位数量等计划

4S 店模式的汽车售后服务企业，一般都在年底或年初设定售后服务主要月度和年度的管理目标，设定这一目标时，还要和品牌厂商进行沟通，争取和品牌厂商的计划相协调，MSI 年度目标管理，见表 1-4。

表 1-4 MSI 年度目标管理

目标管理项目		1 月	2 月	3 月	4 月	…	11 月	12 月	累 计
客户付款定期维护台次	2014 年实绩								
	2015 年目标								
	2015 年实绩								
	达成率								
	前比								
维护外客户付款维修台次	2014 年实绩								
	2015 年目标								
	2015 年实绩								
	达成率								
	前比								
钣喷维修客户付款维修台次									
一般维修工时收入									
一般维修配件收入									
钣喷维修工时收入									
钣喷维修配件收入									

（2）MSI 使用方法。MSI 可以根据时间的长度来合理利用，如月度、季度、半年、全年，也可根据需要来比较自身和他店以便找到不足。

1）制订月度和季度服务业绩报告。业绩报告可以利用 MSI 月度或季度的方式，监控服务部门的工作绩效。例如，全国平均比较、月工作进度和去年业绩比较等，都能找到经营问题点。

2）使用雷达图比较自身和他店的服务指标。

3）目标制订，MSI 的另一种使用方法就是制订未来目标。例如，基于未来销售计划对保有量进行估算；系统化地确定维修工位、技师的适当人数，以及基于预期维修需求的服务顾问人数。

（3）目标制订的方法。目标制订可以采用不同的方法，以下方法是一汽丰田汽车销售有限公司推荐给 4S 店使用的，以供参考。

1）客户保有数据确认，可从车管所等部门查询确认当地品牌汽车的信息（车牌、联系电话等）。

2）对自有客户资料进行分类，整理出有效的客户资料，将其按来店频次分类统计、整理（按 1 ~ 6 次统计）。

3）依据来店频次客户数乘以来店频次，得到可能产生的来店量。

4）测试历史单个客户付款维修贡献的产值及续保、精品等指标，并适当调整。

5）根据以上数据，算出总体目标值。

6）根据总体目标，设定人力资源、设备资源及资金等。

7）向总经理和厂商沟通总体目标值的设定，取得最终确认。

8）实施和监控（对来店台数、工时、配件等各项指标的完成情况每天跟踪，每周分析、调整业务策略，每月调整劝诱、促销的方向和重点）。

9）每季度检讨目标执行效果，确定是否需要调整目标和相关各项数字和资源；年终进行总结、分析，确定来年的目标。

回答下列问题

1. 判断下面说法的正确性，请在对应的“□”中打上“√”。

（1）目标管理是企业领导层的事，和一般员工关系不大。

正确 □ 错误 □

（2）传统管理认为是过程驱动，过程带来结果；目标管理认为是目标驱动，目标带来结果。

正确 □ 错误 □

（3）汽车售后服务企业实行目标管理就是为了达成业绩。

正确 □ 错误 □

（4）MSI 年度目标管理可以分解为半年目标管理和季度目标管理。

正确 □ 错误 □

（5）汽车售后服务企业制订目标时依据往年数据即可。

正确 □ 错误 □

2. 填写 5W2H 原则的内容，并说明其中文含义。

W（ ）—— ____________________

W（ ）—— ____________________

W（ ）—— ____________________

W（ ）—— ____________________

W（ ）—— ____________________

H（ ）—— ____________________

H（ ）—— ____________________

学习完本任务后，完成下列任务

了解某汽车售后服务企业的经营状况，收集该企业的经营数据，请你拟订企业明年的目标管理的主要内容和数据（针对售后服务），请说明理由，并画出拟订的流程。

____

____

____

____

____

任务三 自测表

在教师签字前，你应在教师的帮助下，找出所有的错误，进行改正	
	回答
认识目标管理的含义与特点	
知道汽车售后服务企业基本年度计划运营的方式	
运用主要服务目标（MSI）指标	
教师签字 ________ 日期 ________ 学生签字 ________ 日期 ________	

项目一 学生学习目标检查表

你是否在教师的帮助下成功地完成单元学习目标所设计的学习活动	
	肯定回答
专业能力	
认识汽车售后服务企业 4S 经营模式	
分析和拟定汽车售后服务企业的组织结构	
运用汽车售后服务企业的目标管理考核指标	
关键能力	
你是否根据已有的学习步骤、标准完成资料的收集、分析、组织	
你是否通过标准，有效和正确地进行交流	

（续）

你是否按计划有组织的活动？是否沿着学习目标努力	
你是否尽量利用学习资源完成学习目标	

完成情况

所有上述表格必须是肯定回答。如果不是，应咨询教师是否需要增加学习活动，以达到要求的技能。

教师签字 ____________________

学生签字 ____________________

完成时间和日期 ____________________

汽车售后服务企业流程管理

项目学习目标

通过本项目的学习，认识汽车售后服务企业流程管理的相关知识，获得按照业务标准流程进行汽车售后服务的能力。其具体表现为：

（1）知道流程管理的含义、特点。

（2）认识汽车售后服务企业流程的含义。

（3）掌握“七步法”汽车售后服务流程管理。

项目学习资源

有关汽车售后服务流程管理的资料，可查询文字或电子文档如下：

（1）各品牌汽车厂商的网页。

（2）各种介绍汽车售后服务流程管理的书籍。

（3）有关职场健康与安全的法律与法规。

可提供学习的环境和使用的设备

（1）车间或模拟车间。

（2）维修接待或模拟维修接待前台工作环境。

（3）安全的工作环境和工作场所。

（4）整车车辆。

（5）座椅套、脚垫、转向盘套。

（6）接待维修车辆和交车的必要技术文件。

项目学习任务

任务一　认识汽车售后服务企业流程管理含义

任务二　“七步法”汽车售后服务流程管理

学生学习目标检查表

任务一　认识汽车售后服务企业服务流程管理的含义

学习目的

（1）认识流程管理的含义和特点。

（2）知道流程管理与职能管理之间的主要区别。

（3）知道汽车售后服务企业服务流程的含义。

学习信息

案例导入

美国通用电话电子公司是美国最大的一家提供地区电话服务的公司，作为该公司的客户，如果你的电话坏了，你向公司通报有关问题。以前，公司会把你转到一位维修人员那里，维修员只是记录有关情况，却并无工具、技能或权力来多做些什么。然后，该情况转给叫作线路检测员的某个人，由他去检查是否公司中枢开关或者线路出了什么问题。如果确定，线路检测员将情况转给中心技师，或者转给调度员，由他将事情派给维修技工。最后，这位维修技工上门维修设备。从这一流程中我们看到，电话坏了的信息被一再传递，传递过程中又一再产生新的关于线路情况的信息，但所有提供和传递信息的人都不处理信息，直到最后由维修技工处理，这种管理方式叫作职能管理。可想而知，即使信息在传递中确保没有含糊和错误，这一流程也将花去大量的时间。在流程管理被应用之前，大多数公司或部门均是采用这样的职能管理方法。

通用电话电子公司重新塑造了维修流程，现在维护和维修从头到尾只由一个人完成，此人的职位是顾客利益维护员。当电话用户通报自己的问题时，与之交谈的顾客利益维护员有能力并有工具检测线路、调整中枢软件或找到电话线路网的问题，一切都在与客户交谈的同时进行。很多情况下，顾客利益维护员甚至在客户还拿着电话时就已经解决了问题。如果不能马上修好，顾客利益维护员就担当起调度员的角色，查阅维修技工的工作日程安排，告诉客户维修技工何时到客户的家里或办公室。

分析结论

从以上例子中，不难看出，顾客导向是企业的流程导向，工作流程是围绕最终成果（顾客）而不是按照工序进行组织。对工作流程进行管理就是流程管理，这对于汽车售后服务企业同样具有十分显著的意义，其核心目的是达到工作流程和生产率的最优化。

一、流程管理的含义

1. 流程

简单地说，流程就是做事情的顺序。比如，一个人到医院看病，他需要先挂号，再就诊，再开处方，然后划价、交钱，最后才拿药。这就是一个流程，而看急诊就是另外一个流程了，可以直接到急诊室就诊、治疗，然后再一并交钱。近年来，有些医院为了提高效率，减少病人的麻烦，推出了类似于急诊做法的普通门诊流程，这就是一个小规模的流程再造。

当然，企业的流程更为复杂，不仅生产有生产流程，财务有财务流程，更有新产品开发的流程，企业发展战略的研究制订流程等。

企业流程，从总的方面来说，就是企业完成其业务获得利润的过程；企业的业务流程再造，就是对这一流程进行重新设计塑造。

2. 流程管理

流程管理是一种基于企业业务流程进行管理、控制的管理模式，代表着一种对新的企业组织工作模式的追求，有人预言它将会成为未来企业管理的主流。

流程管理所强调的管理对象是企业业务流程，传统的企业中，流程分布在各个部门中，以部门为界限被分割开来，而流程管理理论认为流程的这种分散正是企业绩效产生问题的根源。只有把全部流程当作整体对待并进行全程的管理，才能大幅度提高业绩。

因此，流程管理强调以流程为目标，以流程为导向来设计组织框架，同时进行企业业务流程的不断再造和创新，以保持企业的活力。

二、流程管理的特点

流程管理具有以下特点：

（1）突出流程导向组织模式。流程管理强调以流程为导向的组织模式重组，以追求企业组织的简单化和高效化。

（2）反向思维。流程管理从结果入手，倒推其过程，这样它所关注重点首先就是结果和产生这个结果的过程，就意味着企业管理的重点转变为突出顾客服务、突出企业的产出效果、突出企业的运营效率，即以外部顾客的观点取代内部作业的观点来设计任务。

（3）注重过程效率。流程是以时间为尺度来运行的，因此这种管理模式在对每一个事件、过程的分解过程中，时间是其关注的重要对象。

（4）强调全流程的绩效表现。流程管理将所有的业务、管理活动都视为一个流程，注重它的连续性，以全流程的观点来取代个别部门或个别活动的观点，强调全流程的绩效表现取代个别部门或个别活动的绩效，打破职能部门本位主义的思考方式，将流程中涉及的下一个部门视为顾客。因此，流程管理将鼓励各职能部门的成员互相合作，共同追求流程的绩效，也就是重视顾客需求的价值。

（5）关注流程的目的。流程管理强调重新思考流程的目的，使各流程的方向和经营策略方向更密切配合，不致流于“依法行事”。

（6）使信息流更加顺畅。流程管理强调运用信息工具的重要性，以自动化、电子化来体现信息流增加效率。

三、流程管理与职能管理之间的主要区别

职能最简单的解释就是人、事物、机构所应有的作用。职能管理连在一起，可以理解为人或者机构发挥梳理与引导的作用。所谓的作用无非是指通过具体的工作而达到的目标或者说效果，因此，做了才有得说，是践行管理、显现职能的必需途径。

职能管理是将管理基础与特定的管理职能相结合，以提高组织职能部门的效率。它主要包括生产管理（运作管理）、市场营销管理、财务管理、人力资源管理、研究与开发管理、

贸易管理等。

流程管理与职能管理的主要区别在于以下几点。

1. 管理关注的重点不同

职能管理关注部门的职能完成程度和垂直性的管理控制，其重要特点是重视职能管理和控制，部门之间的职能行为往往缺少完整有机的联系。

流程管理关注的重点是目标，以企业战略总目标、顾客需求、市场占有率为导向，将企业的行为视为一个总流程下的流程集合，对这个集合进行管理和控制，强调全过程的协调、目标化。

2. 管理的标准不同

职能管理一般缺少时间标准，这一最重要的工作标准一般是由该部门的主管领导临时确定的，这就大幅加重了主管领导的工作量且标准不确定，导致整体工作效率大幅降低。

流程管理则相反，每一件工作都是流程的一部分，是一个流程的节点。它的完成必须满足整个流程的时间要求，时间是整个流程中最重要的标准之一。

3. 管理模式不同

职能管理模式下的管理变革可能出于各种原因，在实际操作时也是职能部门的重新划分，职能的重新调整，人员的简单增减等。

流程管理是以流程为对象的管理模式，它的任何一次改变都是企业业务流程的再造，且这种再造所关注的前提是效率的提高和结果的优化。这样，企业可以根据市场变化容易地进行业务流程再造。

4. 管理组织结构不同

职能管理模式中，部门职能是相对独立的（只有生产线直接相关例外），它们之间的工作衔接一般要通过上一层级来安排、协调。

流程管理模式中，所有的部门或岗位（包括传统上所谓独立的职能部门），都是流程的一部分。它需要完成的工作是流程的一个阶段，它是流程中上一环节的顾客和裁判者，同时又是下一个阶段的供应商。这样，部门之间的绝大多数工作衔接将按照确定的流程及标准进行，不需要一个专门的控制、协调的上一层级。

5. 管理领导者的职责不同

在职能管理中，企业高层领导绝大部分时间用于向大家灌输企业的目标，协调不同部门的行动以达到同步。

在流程管理中，企业高层领导对这种协调很少，每一个事件都是一个子流程。这些子流程都是有目标的，这些子流程汇集成一个流程集合，形成的企业的总流程、子流程的目标集合就成为企业的总目标。在这种模式下，高层领导关注更多的是顾客的需求、市场占有率等综合指标。

综合二者之间的区别可以总结出：职能化管理模式形成的管理体系是一套金字塔形的层级命令控制体系，而流程化管理模式形成的是一套以流程目标为导向的扁平化的网络状组织机构体系。

四、汽车售后服务企业服务流程的含义

传统的汽车售后服务企业将管理模块分为经营管理、生产技术管理、质量管理、人力

资源管理、设备管理、配件管理、财务管理和计算机管理等。事实上，在生产经营活动中，每个环节都不是独立存在，而是同时起作用。售后服务企业服务流程作为经销商共同的工作标准，目的是使每一位顾客在任何一家品牌经销商都能享受到统一标准的、高品质的服务。

1. 汽车售后服务企业服务流程

汽车售后服务企业服务流程就是汽车售后服务企业为客户提供的服务方式。它描述了服务体系发挥作用的方法和次序，以及这些过程如何联系在一起为车主提供服务体验和产出。好的服务流程能够提高效率和服务质量，而不好的服务流程不仅影响服务接待的工作效率，还可能导致客户不满意。

2. 汽车售后服务流程表达方式

为了使流程表达更直观、更容易，一般使用图形、文字、表格（表单）来描述。汽车售后服务流程是汽车售后服务企业售后服务工作的核心流程，通过服务流程，售后的各个岗位能够有机地结合在一起，为客户提供服务。例如长安马自达汽车的售后服务标准流程分为 12 个步骤，分别是：主动联系顾客，预约，互动式接待，目录式报价，顾客关怀，作业安排，零部件准备，作业管理，完工 / 检查，交车 / 结账，跟踪回访，改善与提高，具体如图 2-1 所示。

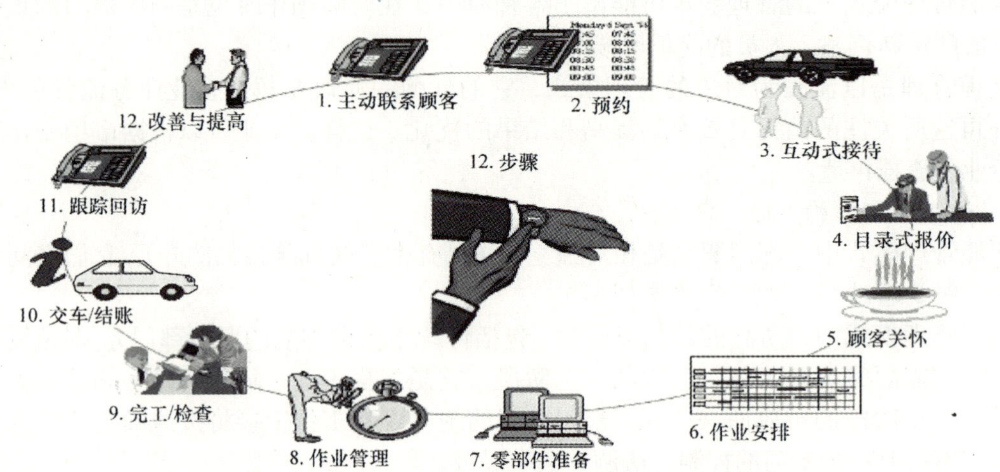

图 2-1 长安马自达汽车的售后服务标准流程

学习完本任务后，完成下列任务

判断下面说法的正确性，请在对应的“□”中打上“√”。

（1）流程分布在各个部门中，以部门为界限被分割开来。

正确 □ 错误 □

（2）流程管理模式中所有的部门或岗位（包括传统上所谓独立的职能部门），都是流程的一部分。

正确 □ 错误 □

（3）流程管理关注的重点是重视职能管理和控制，部门之间的职能行为往往缺少完整有机的联系。

正确 □ 错误 □

（4）流程管理模式中部门职能是相对独立的（只有生产线直接相关例外），它们之间的工作衔接一般要通过上一层级来安排、协调。

正确　□　　　　错误　□

（5）通过汽车售后服务流程，售后的各个岗位就可以有机地结合在一起，为客户服务。

正确　□　　　　错误　□

任务一　自测表

在教师签字前，你应在教师的帮助下，找出所有的错误，进行改正	
	回答
说出流程管理的定义	
说出流程管理的特点	
理解流程管理与职能管理之间的主要区别	
说出汽车售后服务企业服务流程的含义	
教师签字＿＿＿＿＿＿ 日期＿＿＿＿＿＿ 学生签字＿＿＿＿＿＿ 日期＿＿＿＿＿＿	

任务二　“七步法”汽车售后服务流程管理

学习目的

本任务可以帮助你认识汽车售后服务企业的工作流程，并帮助你实施工作流程的能力。

（1）知道汽车售后服务企业“七步法”服务流程。

（2）能够运用提高预约率的方法。

（3）能够使用迎接顾客的礼仪技巧。

（4）能够正确进行环车检查。

（5）认识售后服务跟踪活动的重要性。

学习信息

几乎每一个品牌汽车都有自己的售后服务流程，丰田汽车公司的售后服务流程有七个步骤，简称“七步法”，本田汽车的售后服务流程包含 13 个步骤，长安马自达汽车售后服务流程分为 12 个步骤。无论什么品牌，其售后服务流程都大同小异，基本涵盖了邀约顾客、接待顾客、安排维修工作、质量跟进和售后服务回访等工作。本任务以丰田“七步法”为例，介绍售后服务流程。

丰田汽车售后服务企业“七步法”服务流程（图 2-2），具体内容如下：

（1）预约。

（2）接待。

（3）维修前的说明。

（4）维修作业。

（5）质量检验。

（6）交车。

（7）维修后跟踪服务。

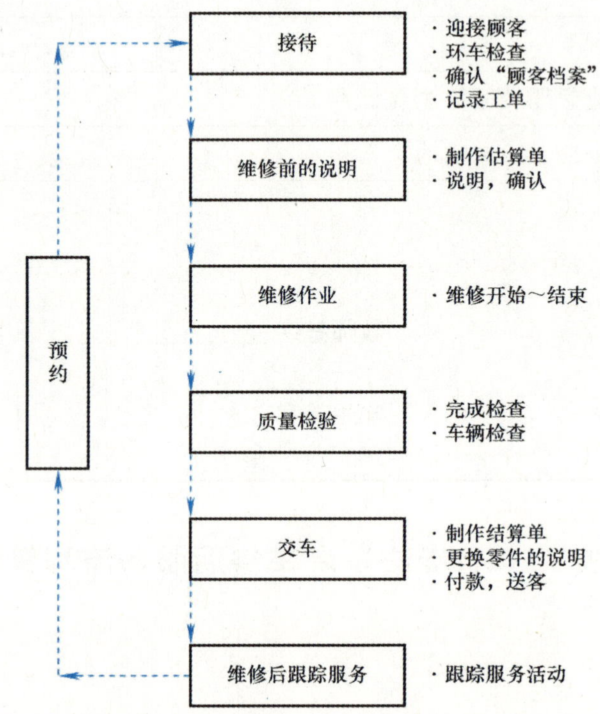

图 2-2 丰田汽车售后服务企业“七步法”服务流程

一、预约

1. 预约的必要性

预约的必要性主要体现在以下四个方面：

（1）顾客可以选择自己合适的时间入厂维修。

（2）顾客来厂后即可开始作业，由此减少顾客在店的等候时间。

（3）可以预先准备作业需要的配件，避免顾客来厂后发生没有配件无法修理的情况。

（4）汽车售后服务企业可以实现工作的标准平均化，减少加班，避免顾客在同一时间来厂，由此提高工作效率。

2. 向顾客介绍预约制度的方法

向顾客介绍预约制度的方法主要包括以下八种：

（1）在新车销售洽谈过程中或在交车时告诉顾客。

（2）在接待区域附近或在休息室内张贴预约制度的宣传海报。

（3）在服务顾问的名片上加印“欢迎使用预约”及预约的电话号码。

（4）服务顾问在和来厂的顾客交谈时，主动说明并积极推荐使用预约。

（5）在企业的宣传广告和主页上登载预约电话号码。

（6）在估算单、结算单、发票以及作业项目明细表的显著地方写上预约电话号码。

（7）在新车交付时，向顾客做预约制度的说明。

（8）制作宣传预约制度的手册，并积极利用。

3. 作为服务顾问实施预约接待的步骤

作为服务顾问实施预约接待的步骤主要包括以下五步：

（1）接电话后马上致以问候和感谢，并报上自己的姓名。

（2）在预约表上记录顾客的姓名、车辆型号、作业内容、希望来厂的日期及时间、车辆登记号码和顾客的联系电话等。此时，服务顾问也可以向顾客建议来厂的日期时间。

（3）对于一般维护、制动片更换和轮胎作业等常见作业，事先在手头准备好标准作业时间表和价格表，以便当场向顾客做简略的报价。如果是故障修理，则在顾客来厂时，对实车进行故障诊断后进行报价。

（4）向顾客重复确认预约内容，并确认预约来厂日的前一日再次确认时的顾客联系电话号码。

（5）感谢顾客的预约，并说“恭候您的光临”。再次报上自己的姓名后结束通话。

4. 迎接预约顾客来厂的准备工作

迎接预约顾客来厂的准备工作主要包括以下六个方面：

（1）制作“施工单”。

（2）确认必要配件的库存，如不够则追加订货。在配件到货期很短的地区，也可以提前一天确认顾客可以按时来厂后再订货。

（3）把“施工单”放入维修进度管理板，如果离预约日还有很多天，可以放入其他事先指定好的预约箱。

（4）如果需要对于预约内容做实车诊断，则事先和车间主任或技术主管取得联系，以便他们在顾客来厂时到场协助。

（5）如果预约内容是返修或顾客的投诉，则请服务部长和车间主任检查维修记录，事先商量应对方法。

（6）至少在预约日的前一天（提前一天为佳），致电顾客以作提醒。如果必要的配件尚未入库，则向顾客致歉，并说明理由，请顾客改换其他预约日。在这种情况下，一旦配件入库后，立即致电顾客确认来厂的日期和时间。

二、接待

接待就是顾客来厂后，作为售后服务企业的工作人员特别是服务顾问应该向顾客提供热情周到的服务。

1. 迎接顾客

迎接顾客，主要包括以下三方面的工作：

（1）服务顾问需始终注意顾客的来厂情况，如果看到有车辆靠近接待的车位时，必须立刻出门迎接。

（2）一定要向顾客致意。服务顾问需面带微笑，给顾客留下良好的印象。

（3）服务顾问应感谢顾客的光临，并做自我介绍，递上名片。

2. 环车检查

环车检查的具体内容包括以下三点：

（1）检查人员当着顾客的面，在车内铺上座椅防护套和脚垫，和顾客共同确认必要项目，并记录在“环车检查表”中，确认完毕后，请顾客签字。

如里程数、车辆型号、外观有无伤痕或凹陷处，在实车确认过程中，检查人员如果发现有其他需要维修的地方，及时向顾客建议，检查车内有无贵重物品，如有，则建议顾客带走，避免遗失。

（2）检查人员确认故障时，如需试车，请技术主管同乘。

（3）检查人员环车确认完毕后，引导顾客到厂内的接待前台入座。之后，服务顾问开始确认顾客的维修记录。

环车检查要遵循一定的步骤，由服务顾问引导顾客来共同实施，一般采用顺时针的顺序或逆时针的顺序，目的是为了体现出服务的标准性和统一性，尽可能地节约时间以提高工作效率。环车检查步骤（顺序针方向）示意图，如图 2-3 所示。

① 左前车门，驾驶人座位，仪表显示状况（含燃油表、里程表等），左前翼子板，左前轮胎。

② 发动机盖、前保险杠。

③ 右前车门，右前翼子板，右前轮胎。

④ 右后门，右后翼子板，右后轮胎。

⑤ 行李箱盖，后保险杠。

⑥ 左后门，左后翼子板，左后轮胎。在①处，可以打开发动机盖和行李箱盖，以便节约时间。

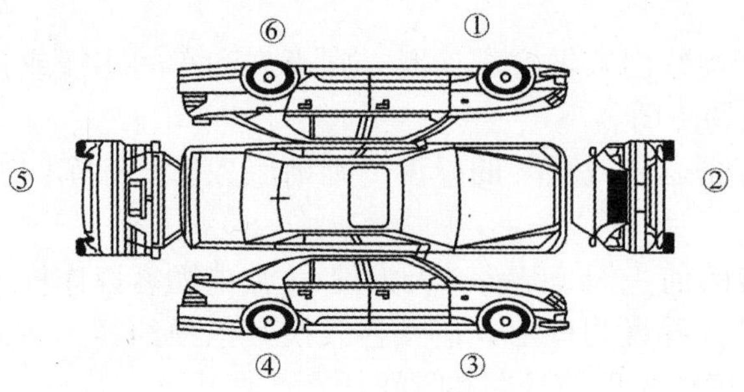

图 2-3 环车检查步骤示意图

环车检查步骤逆时针方向是：①⑥⑤④③②。

3. 确认顾客的维修记录必要文件

确认顾客的维修记录必要文件包括：

（1）顾客来厂后，要马上取出顾客的维修记录。当服务顾问在厂外确认实车时，应让其他业务人员从客户管理系统中找到顾客的维修记录。

（2）确认维修记录，并制作“施工单”。听取客户要求，并按客户所述填写制作“施工单”。

三、维修前的说明

1. 制作“估算单”

（1）按照“施工单”，根据作业时间、作业内容确定作业的费用金额。

（2）查找需要的配件号码及价格，并填写在“估算单”上。

（3）配件没有库存的时候，向顾客确认是否愿意在配件入库后再次来厂，然后进行配件订购。配件价格昂贵的时候，可以向顾客收取部分定金。

2. “估算单”的说明和确认

（1）向顾客出示“施工单”和“估算单”，同时说明作业项目、作业时间、预计金额及交车时间。

（2）确认并记录支付方法。

（3）在得到顾客认可之后，请顾客签字。

（4）将“施工单”和“估算单”的副本交给顾客。

（5）如果顾客在厂等候作业完工，引导顾客进入休息室，向顾客表示感谢，同时介绍可以免费享用的饮料食物和休息室内的设施。

（6）对于将车寄存在厂内的顾客，需要再次确认联系方法。

四、维修作业

1. 作业开始

（1）服务顾问把顾客引导到休息室后，将“施工单”副本和“配件出库单”交给车间主任或调度人员。

（2）车间主任确认“施工单”的内容，指定适合完成该作业的技师，并将“施工单”交给该技师。车间主任在维修进度管理板上标有该技师姓名的部分填写作业的开始时间和预计完工时间，也可以在管理板上摆放磁贴进行管理。这样，服务顾问只要看进度管理板，就能掌握作业的完工时间。

（3）技师拿到“施工单”后，立刻填写作业的开始时间，通知配件出库，开始具体的作业。如果配件出库需要花费时间，可以过后再去取。

（4）在进行拆解维修作业的时候，中途需要请技术主管或质检员作过程检查，以保证正确完成作业。

（5）作业完成后，技师在“施工单”上填写完工时间，将“施工单”交还给车间主任，并请示做完工检查。

（6）领取下一个作业的“施工单”。

2. 中间过程检查

（1）对于需要拆解的作业，中途请技术主管确认状况并请求作业指示。

（2）在重新组装前，技师本人必须检查自己的作业质量，确认没有问题之后方可进行组装。

3. 作业完工

（1）作业完工后，首先由技师本人进行完工检查，确认已完成顾客所要求的全部作业，没有任何遗漏。

（2）质检员作完检查后，技师在“施工单”上填写完工时间。

五、质量检验

（1）技师完成作业并进行自我检查后，联系质检员或技术主管，接受完工检查。

（2）完工检查由具备资格的质检员进行，具体确认顾客的要求作业是否全部完成以及作业质量是否良好，必要时可以试车确认。

（3）进行车辆的最终确认。此作业可由服务顾问或顾问助手执行。必须确认的项目有：顾客要求的所有维修项目是否都已完成，车辆的清理整洁状况，维修中有无污损车辆；维修中使用的工具是否遗漏在车内。

（4）清洗车辆并转移到完工车辆的停车区域内。

（5）车间主任在维修进度管理板上记录作业完工，把更换的配件、施工单和车钥匙交给服务顾问。此时，可以在车辆上摆放“完工检查完毕”的标志，有助于可视化管理，也可以将“完工检查完毕”的标志挂在车内的后视镜上。

六、交车

1. 制作“结算单”

按照服务顾问在“施工单”上填写的实际作业来制作“结算单”。

2. 说明单据

（1）服务顾问在向顾客说明单据前，必须自己先确认车辆是否符合交车状态。

（2）服务顾问准备好“结算单”、“环车检查表”、“施工单”、“估算单”和质检结果记录，对顾客进行说明。说明的内容主要包括：

- 首先，重复客户的作业要求。
- 针对已实施的作业内容，向顾客出示被更换的配件并做说明。
- 对于“结算单”的内容，用手指每一个项目，进行仔细的说明。
- 使用质检员签字的文件来说明已质检合格。
- 征得顾客的确认和认可后，请顾客在“结算单”及“环车检查表”上签字。
- 告诉顾客几天后将打跟踪电话询问车辆状况，和顾客确认方便的时间或联系方法。
- 说明下次维护或更换润滑油的时间。
- 向顾客介绍收银员，请求结账。

3. 恭送顾客

（1）将顾客引导至停车场，致谢后，引导送客。

（2）门卫在顾客出门时致谢。

七、维修后跟踪服务

1. 跟踪服务的目的

维修交车后，实行跟踪服务可以了解客户的满意度或发现不满之处。通过解决客户的不满，可以加深客户对售后服务企业的信赖，同时可以显示售后服务企业关心客户的态度。

2. 跟踪活动

（1）事先整理当日需致电的客户名单。

（2）致电前，先熟悉相关资料的内容，准备好如何和客户交谈。准备的文件应包含“施工单”、“结算单”、顾客资料等。

（3）客户接电话后，先简单地做自我介绍并说明致电目的，询问此刻是否适合电话交谈。

（4）感谢客户上次来厂维修，并询问车辆状况。

（5）如没有特殊问题，请客户在下一次维护、更换润滑油的时候再次光临。

（6）如果出现问题，除非常简单的内容之外，不要当场自己来解决，而必须做好记录，转告请示服务经理。服务顾问致电时，根据状况，可以作直接答复。

（7）切实做好跟踪服务，直至问题被解决，并将所有经过记录在顾客管理系统中。

（8）做好顾客管理系统的顾客信息的日常管理。特别是要及时更新客户地址和电话号码，维护好维修记录（维修时间、维修项目、维修价格等），记录好向客户做的建议内容以及客户的反应等。

回答下列问题

1. 根据自己的理解，描述“七步法”工作流程各个步骤的具体流程：

例如预约接待流程：

电话接待→制作“施工单”→预约日的前一天和客户做入厂确认

（1）来厂接待业务：________________

（2）维修作业前的说明：________________

（3）维修作业：________________

（4）质量检验：________________

（5）交车：________________

（6）维修后跟踪服务：________________

2. 顾客档案应包含哪些内容？对于汽车售后服务企业而言，这些内容分别有何作用？

____

____

____

____

____

____

____

____

3．判断下面说法的正确性，请在对应的“□”中打上“√”。

（1）实施汽车售后服务企业工作流程化最重要的工作人员是服务顾问。

正确 □ 错误 □

（2）环车检查对于顾客来讲没有什么好处。

正确 □ 错误 □

（3）环车检查可以帮助增加维修项目，提高售后服务产值。

正确 □ 错误 □

（4）技师在维修过程中更换的配件没有必要向客户展示。

正确 □ 错误 □

（5）跟踪服务电话可由服务顾问拨打，也可以指定回访专人拨打。

正确 □ 错误 □

（6）工作流程顺序不能调整，必须按照流程要求切实执行所有的项目。

正确 □ 错误 □

（7）交车环节的主要目的是收取顾客的费用。

正确 □ 错误 □

（8）同一个品牌的汽车公司，应该有一样的工作流程要求，这样才能减少服务的差异化。

正确 □ 错误 □

4．请根据工作流程，参考表2-1的维修委托单，帮助某一汽车售后服务企业设计一张估算单，一张环车检查单，一张施工单，一张结算单。这些单据里面各自应该包含哪些内容？并对其进行一一说明和解释。

学习完本项目后，完成下列任务

汽车售后服务前台通常也叫维修前台或前台接待，按照“七步法”工作流程进行模拟演练，并根据模拟情况分阶段填写“维修委托单”（表2-1）。（注：维修委托单是为了减少做单时间，提高工作效率，将环车检查单、估算单和施工单合理编排在一起的具有以上单据所有功能的新型单据。）

学习活动形式——角色扮演

学生在下面的三个场景中分别扮演以下角色：服务顾问、车间主任、质检、配件等工作岗位的人员，按照“七步法”进行全过程的模拟练习。

场景一：某先生开着很脏的车来厂做维护，如何对他进行接待？

场景二：某女士来厂为车做维护，车上放置了很多东西，化妆品、名牌皮包、零钱等随处可见，请练习对该女士的接待过程。

场景三：某顾客在交车时发现，维修费用要比估算价格高出5%，但服务顾问并没有对此再次说明导致顾客非常不高兴，作为服务人员你如何处理？

表 2-1 维修委托单

客户 ID：__________ 施工单号：__________

车 牌		车 型		行驶里程	km	入厂日期	年 月 日
内 色		外 色		发动机号		车架号	
随车附件（良好√ 有问题 × 并注明）	轮毂盖		执 照		顾客描述：		
	前后标		音 响				
	车内物品		天 线				
	内饰划痕		点烟器				
	刮水器		随车工具				
	升降器		备 胎				
	门 锁		贵重物品		顾客对维修更换的旧件处理意见：		
	倒车镜		其 他		交车时：查看□ 不查看□ 取走□ 厂方处理□		
F E P R N D 2 L H C				VSC TRC O/D OFF ABS VSC OFF			
外观备注：							
接车时用户签字		时间		接车时接待签字		时间	
用户电话				业务电话		传真：	
用户单位 / 地址				本公司地址			
交车时用户签字		时间		交车时用户签字		时间	

任务二　自测表

在教师签字前，你应在教师的帮助下，找出所有的错误，进行改正	
	回答
知道汽车售后服务企业“七步法”服务流程	
能够运用提高预约率的方法	
能够使用迎接顾客的礼仪技巧	
能够正确进行环车检查	
认识售后服务跟踪活动的重要性	
教师签字＿＿＿＿＿＿　日期＿＿＿＿＿＿ 学生签字＿＿＿＿＿＿　日期＿＿＿＿＿＿	

项目二　学生学习目标检查表

你是否在教师的帮助下成功地完成单元学习目标所设计的学习活动	
	肯定回答
专业能力	
说出流程管理的定义和特点	
理解流程管理与职能管理之间的主要区别	
说出汽车售后服务企业服务流程的含义	
描述汽车售后服务企业“七步法”服务流程	
掌握正确的环车检查步骤	
能够使用迎接顾客的礼仪技巧	
能够正确进行环车检查	
描述开展售后服务跟踪活动的重要性	
关键能力	
你是否根据已有的学习步骤、标准完成资料的收集、分析、组织	
你是否通过标准，有效和正确地进行交流	
你是否按计划有组织的活动？是否沿着学习目标努力	
你是否尽量利用学习资源完成学习目标	

（续）

完成情况
所有上述表格必须是肯定回答。如果不是，应咨询教师是否需要增加学习活动，以达到要求的技能。 教师签字 ________________ 学生签字 ________________ 完成时间和日期 ________________

项目三 汽车售后服务企业车间管理

项目学习目标

通过本项目的学习，认识汽车售后服务企业车间管理的相关知识，获得依据现代汽车售后服务企业标准实施车间管理的能力。其具体表现为：

（1）学会对汽车售后服务企业车间功能设施进行定位和划分。

（2）学会对汽车维修设备进行管理。

（3）掌握汽车售后服务企业生产与质量管理。

项目学习资源

有关汽车售后服务流程管理的资料，可查询文字或电子文档如下：

（1）各品牌汽车厂商的网页。

（2）各种介绍汽车售后服务管理的书籍。

（3）有关职场健康与安全的法律与法规。

可提供学习的环境和使用的设备

（1）车间或模拟车间。

（2）常用汽车维修工具和设备。

（3）安全的工作环境和工作场所。

（4）整车车辆。

（5）汽车4S店的建筑平面图。

项目学习任务

任务一　认识汽车售后服务企业车间设施功能定位与区域划分

任务二　汽车维修设备管理

任务三　汽车售后服务企业生产与质量管理

学生学习目标检查表

任务一 认识汽车售后服务企业车间设施功能定位与区域划分

学习目的

（1）知道汽车售后服务企业车间设施功能定位与区域划分原则。

（2）能够确定车间功能基本参数。

（3）能够具体定位与区域划分“维修车间”设施功能。

学习信息

案例导入

某汽车4S店于2003年成立，该店运营几年下来，在汽车销售和售后服务业务方面都取得了较为优异的业绩，当售后客户的增加，汽车售后服务业务取得的利润达到公司总体利润的一半以上时，公司的管理者却对以下问题头痛不已。

（1）车间拥堵。该店建立初期没有树立生产线的意识，工位不明确，随着客户量的增大，维修车间变得拥堵不堪。该店多次改造扩建车间，但现在需要花费数倍的人力来挪动车辆，效率低下。

（2）客户满意度持续下降。由于车辆在维修工程中耗费的非修理时间过长，客户往往花更多的时间等待车辆的挪动和洗车等环节，客户满意度持续下降，增加了公司管理运行的成本。

分析结论

汽车售后服务企业合理的设施功能定位和区域划分直接影响着生产条件、运输路线和劳动作业环境。特别是车间作为经营场地的核心区域，要综合各种因素统筹规划、科学规划，尤其现代企业讲究现代气息、现代风格，无论是造型还是功能都必须有超前意识，其中每一件微小的硬件设施都将代表着企业的品牌，哪怕是小到独具特色、完美的各种指示标记的设立。

一、汽车售后服务企业车间设施功能定位与区域划分原则

汽车售后服务企业车间按照设施功能定位和区域划分细分，包括维修车间、钣金车间和喷漆车间，其功能定位和区域划分一般应遵循以下原则：

1. 保证整个维修过程顺畅

（1）对于机器设备及工作区域作适当的安排，以最短搬运距离为原则。

（2）尽量减少搬运的动作。

（3）保持良好的工作环境，以防止配件、维修件在运送过程及储存时造成的损坏。

（4）适当的工作流程安排，使每一项工作易于识别。

2. 维修车间布置的弹性

使车间的布置能适应未来企业规模的改变需要，也就是预留空间以供扩充之用，或利用非永久性的隔间墙。

3. 有效地利用各项机器设备

适当地选择安排各项机器设备与工作，充分有效地运用机器设备，使固定成本投资得以减少。

4. 充分有效地利用车间的空间

在各工作区域内各项作业操作灵活方便的原则下，使空间使用最小，也就是使车间中每一作业空间所花费的成本最低。

5. 充分有效的人力运用

要充分有效地利用人力支持，消除人力和时间上的浪费，其方式如下：

（1）尽量以自动化或机械化的设备代替人工操作，避免重复性的搬运。

（2）人力与机器设备应保持质量的平衡。

（3）减少人员的走动。

（4）实行有效的奖励政策。

6. 减少各项搬运动作

使各项搬运距离减少到最小和减少搬运的次数。

7. 提供舒适、安全、方便的工作环境

应该注意车间内光线、温度、通风、安全、粉尘、噪声等事项，以提供作业人员舒适、安全、方便的工作环境。

二、确定车间功能基本参数

1. 车辆工位数确定

适当合理的车位规划是有效利用场地资源的重要手段，过少满足不了要求，过多造成剩余资源浪费，合理车位数可按下列公式计算：

$$\text{修车工位数}=\frac{\text{年维保车辆台数（预测）}\times\text{每年同一台车辆拜访平均数}\times\text{单车平均工作小时}\times\text{单一工位数与全部工位数之比}}{\text{每一位修理工的年工作小时}}$$

2. 直接维修员工数确定

直接维修员工数是指直接参与维修作业的员工数。该项目依据业务环境、设备和工具效率等根据车位数计算而出，公式如下：

$$\text{直接修理员工数}=\frac{\text{修车工位数}}{\text{修车工与车位之比}}$$

例如，修车工位数为10，员工与车位数之比为1.3，那么直接修理员工数 =10/1.3=7.7，取整数为7人。

3. 间接员工数

为了降低成本，最大限度地发挥每个人的能力应做到一人多能，达到饱满工作日。间接员工的总人数是根据所有直接员工人数计算，并要考虑到所需人员的总数发展。一般间接员工数目为直接员工数目的30%，如直接员工数目为10人，间接员工数目就为3人。

4. 停车位数目

除了与销售一体化、汽车展位、本企业自用车辆车位外，维修停车位（修前、修后）应本着最低标准来定，这样做的出发点是减少在修车辆的在厂周期（送修的车尽快进入修车工位，修完的车尽快通知客户提车），同样是为了充分利用场地资源。

维修车位数目一般为车间维修工位的 1/6 或 1/8，其他专用车位根据实际需求而定。

钣金与油漆工位数一般依据实际业务量而定，基本原则一般为全部修车工位的 1/3。

总之，依据服务流程和工艺流程，来确定车间场地规模和布局，配置员工人数，能够使汽车售后服务企业的车间设施功能定位与区域划分达到最优化的效果，图 3-1 为某汽车售后服务企业的平面布置图（见书后插页）。

三、车间设施功能具体定位与区域划分

1. 维修车间设施功能定位与区域划分

一般维修车间可以划分为发动机维修区、四轮定位区、大修间、修理工位区等，每一个区域是相对独立的，但又以工艺流程互相关联。因此，一般维修车间的设施功能定位和区域划分要缩短运输距离，减少搬运，提高效率，将工具室、配件室等紧密联系起来。

（1）发动机维修区。以往会将发动机部门的工作分成非常多的小部门处理，如电机故障排除、快速维护等。但是，现代化的汽车维修已不是用单一的故障模式处理方式来解决问题的，多数是整合性的系统问题，所以如何设计一个符合整合性问题处理的工作站是非常重要的课题。

首先，应该了解所谓整合就是将以往分为各种组别的工作集合到每个人身上，也就是一个万能的工作者。正因为是万能的，在他的工作位置的设计上就是要使其成为无所不能处理的作业区，除此之外应同时考虑到作业的方便性和工作安全。

例如，可以非常方便地取得制冷剂回收机、计算机资料、检验用仪器等，以及一些常用的设备不妨多购买一些。

（2）四轮定位区。四轮定位区的设置应同时考虑其相关作业的方便性，而不是只有四轮定位。由于场地与设备的关系，应注意到在处理调整定位角度时，应该非常容易地看到仪器上所显示的画面。同时，由于定位机通常会采用红外线或其他无线传输方式，所以在配置时应该避免太阳直射的位置，以免影响红外线作业，而使用其他无线传输系统者，应注意是否通过政府无线电管制使用许可，通过许可，方可使用。

某些定位机器会有一种无线遥控显示器的系统可供选择。它是一种选择配件，会将所有测量资讯显示在遥控器的 LCD 荧幕上，适合使用在场地受限制主荧幕不容易看清楚的状况或是后轴工作时使用。

（3）大修间。大修间的走道要比一般的主通道更宽，最好能有 150cm 以上，最小也不要小于 120cm，这样在搬运作业时才会方便，而且每一个工作台必须要有一张工作桌配合作业。大修间面积必须大于 $24m^2$ 以符合乙级汽车修理工厂设计标准。

（4）修理工位区。通常理想的工作位置与通道有成 15°、30°、90°等几种选择，实际上如果能用 90°方式，最好就不要有其他方式的考虑。为了节约通道的使用，当然能将整个工作区设计成“非”字形排列是最理想不过的。

而一个工作区所包含的每一项位置都应该定位，不可有选择性的排列，否则使整个工作区杂乱无章。这个意思就是待修车一定放在待修位而不应该放在修车位或是走道上，即使是一瞬间，这都会影响整体工作效率。下面以 30°、90°车位布置为例，说明各作业位置尺寸和各种不同作业间不同的场地布置方法，这将使你能清楚了解每一项作业所需，并包含了每项作业所需的附属用具。

1）30°车位布置图，如图 3-2 所示。

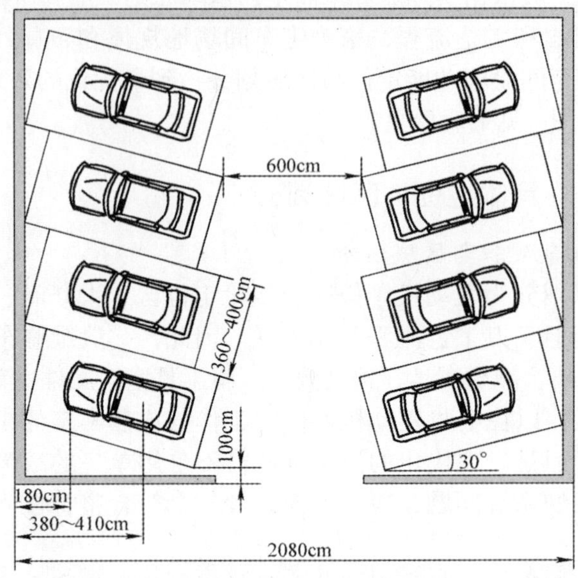

图 3-2 30°车位布置图

① 车头至墙的距离建议使用 200cm，如果因为场地的关系可以减少为 150cm，但是如果采用这样的设计则不适合放置工作桌。

② 车位宽度可因维修车辆的大小选择 360 ~ 400cm 之间的尺寸。

③ 场区采用 30°或 15°的布置法主要的目的在于减少场区的宽度。

④ 墙边规划有 100 ~ 150cm，有方便四个角落停放车辆的作用，以及有存放各式移动设备的空间。

⑤ 车位长度设计有 800cm，使用时到车尾的实际长度为 750cm 左右。

⑥ 车道宽度设计成 600cm，但是如果加上到车尾部分约 50cm 的宽度，实际上是有 700cm 的宽度。

⑦ 举升机的中心位置应考虑车头到墙边的距离而定，如果采用 200cm 时，中心位置可以是 400 ~ 430cm 之间的尺寸，依维修车辆大修而确定。

2）90°车位布置图，如图 3-3 所示。

① 车头至墙的距离建议使用 200cm，如果因为场地的关系可以减少为 150cm，但是如果采用这样的设计则不适合放置一张工作桌。

② 车位宽度可因维修车辆的大小选择 360 ~ 400cm 之间的尺寸。通常中型车建议采用 380cm 以上宽度，如此才不至于车门全开时碰到旁边的车辆。

③ 场区采用 30°或 15°的布置法主要的目的在于减少场区的宽度，但是在工厂布置却极不容易。

④ 墙边规划有 100 ~ 150cm 的空间，有方便四个角落停放车辆的作用，以及有存放各式移动设备的空间。

⑤ 车位长度设计有 800cm，使用时到车尾的实际长度为 750cm 左右。如果不考虑工作车位长度可以减少为 750cm，同时实际长度变成为 700cm。

⑥ 车道宽度设计成 600cm，但是如果加上到车尾部分约 50cm 的宽度，实际上是有 700cm 的宽度。

⑦ 举升机的中心位置应考虑车头到墙边的距离而定，如果采用 200cm 时，中心位置可以是 400 ~ 430cm 之间的尺寸。这个距离的确定取决于维修车辆的大小。

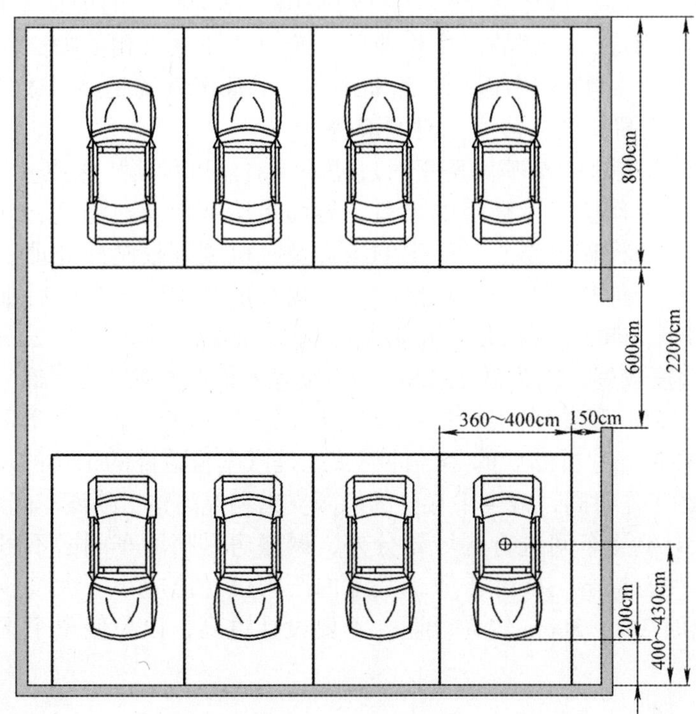

图 3-3　90°车位布置图

2. 钣金车间设施功能定位与区域划分

钣金作业最大的问题就是凌乱，所以解决凌乱的最主要方法就是要有一座大型的拆卸配件储存仓库。同时由于政府对交通法规的要求，如酒后驾车交通事故的处罚条例和保险制度的改变已使整个钣金作业工作量分配大不相同，以目前来看，事故大的撞车所占的百分比大约只有 5%，而一般的小事故撞车则大约只有 15%。虽然这两种类型的碰撞所占的百分比不高，但是其所消耗的工时却比较高。

钣金车间按功能定位，其区域可分为以下三种：

（1）大事故碰撞钣金工作区。一般来讲，大事故碰撞车辆维修时，需要采用大梁校正仪或汽车钣金八卦整形校正设备等设施设备，其占地面积相对较大，往往成为钣金车间工作效率的瓶颈。

（2）小事故碰撞钣金工作区。小事故碰撞车辆维修时，通常采用点焊机、电弧焊机、切割机等小型设备，其周围的合理布局也是影响钣金车间工作效率的重要方面。

（3）钣金拆卸配件仓库。一个好的钣金车间，必须要有一个良好的拆件车和钣金配件储存仓库来配合，使整个厂区看起来非常整洁。通常，拆件车的数量可以以钣金工位来比较，是钣金工作位的 2 ~ 3 倍才足够。

3. 喷漆车间设施功能定位与区域划分

喷漆工艺较为复杂，根据一般标准工序，其流程大约分为喷漆前的准备，喷漆和喷漆后的处理。因此，喷漆车间的设施功能定位和区域划分就是围绕这三大工序来进行的，当然还有必不可少的调漆房。

（1）喷漆准备区。喷漆准备区的设置目的是用来作为喷漆的前期工作，如补漆作业、打磨作业和其相关研磨等，这样的一个作业区是绝对禁止从事相关喷涂作业的。所有的喷涂工作都应该在喷漆房（烤房）中进行，除非准备区的通风系统是经过改良的，否则，在车身上将可能因而产生大量粉尘，造成工时的浪费。

（2）喷漆。喷漆就是在一个喷漆房里对过滤喷漆对象进行喷漆作业。

喷漆房是提供涂装作业专用环境的设备，能满足涂装作业对温度、湿度、光照度、空气洁净度等的要求，能将喷漆作业时产生的漆雾及有机废气限制并处理后排放，是环保型的涂装设备。喷漆房的种类、型号、规格、场所或数量对整个汽车售后服务企业的效率有着巨大的影响。一般标准的喷漆房作业长乘宽都是 7m × 4m，高度则为 2.8m，如果作业空间允许应选择 3m 的高度较好，因为低于 2.8m 的高度是不能够有效地运作的。

（3）喷漆后的处理。喷漆后的处理主要是指喷漆工序里的干燥、打磨和抛光。喷漆房具备干燥的功能，但往往一些拆卸后的零部件喷漆或是汽车覆盖件的很小的局部喷漆是用红外线烤灯等设备来节约工作时间，减少不必要的能源支出和提高整个喷漆车间的生产效率。

除了按工序来对喷漆车间进行区域划分外，调漆房是喷漆车间必不可少的设施，是为了防止调漆时挥发性有机溶剂向外扩散，其室内压力设计值应小于大气压力，同时相关排气管路应设计离地面 20 ~ 30cm 较为合适，不要设计过高，以免使整个调漆房充满有机溶剂，不利员工健康。

回答下列问题

1. 判断下面说法的正确性，请在对应的“□”中打上“√”。

（1）汽车售后服务企业车间设施功能定位和区域划分要考虑企业将来发展之扩张需求。

正确 □　　　　错误 □

（2）汽车售后服务企业车间设施功能定位和区域划分不用当地客户保有量。

正确 □　　　　错误 □

（3）一般维修车间可以划分出机修车间、电工车间、总成大修间、发动机大修间和动力房。

正确 □　　　　错误 □

（4）根据钣金车间设施功能定位与区域划分，钣金车间是不要仓库的，因为整个企业已经考虑和布置了专门的配件仓库。

正确 □　　　　错误 □

（5）影响喷漆车间工作效率最主要的瓶颈是喷漆前的准备，因此其区域划分时应特别注意烤灯、支架等相关设备和工具的摆放。

正确 □　　　　错误 □

2. 某品牌经营的汽车售后服务企业在当地客户保有量为2000台，平均每台车每年需要进厂维修维护 4 次，该企业计划来年销售新车 800 台，经过分析，来该店进行维护的车辆每次需耗时 1.5h，单一工位数与全部工位数之比为 1.3，请计算出该企业明年的合理的修车工位数，并写出其推算过程。

学习完本任务后，完成下列任务

请你根据考察汽车售后服务维修车间情况，完成以下任务：

（1）画出该企业的维修车间区域图，并在图中标注各区域的功能。

（2）写出该企业的服务流程。

（3）该企业在车间功能设施和划分上有值得借鉴的地方吗？请说明理由。也可以指出该企业在车间功能设施和划分上的不足，并请说明理由。

任务一　自测表

在教师签字前，你应在教师的帮助下，找出所有的错误，进行改正	
	回答
准确描述车间设施功能定位与区域划分原则	
正确计算车间修理工位和员工人数	
能够正确地对维修车间、钣金车间和喷漆车间进行设施功能定位与区域划分	
教师签字 ________ 日期 ________ 学生签字 ________ 日期 ________	

任务二　汽车维修设备管理

学习目的

本任务可以帮助你对汽车售后服务业常见汽车维修设备进行分类，并帮助你在车间能正确进行维修设备的存放和领用。

（1）学会对汽车维修设备的分类。

（2）掌握汽车维修设备的存放管理。

（3）掌握汽车维修设备的领用管理。

学习信息

汽车维修设备是汽车售后服务企业维修生产必不可少的物质手段，也是衡量一个现代汽车维修企业维修能力的标志；维修设备管理水平的高低从一个侧面反映出一个企业管理水平的情况。

汽车维修设备管理是指通过一系列技术、经济和组织活动，使设备在整个寿命周期中费用最小。既对设备的选购、进厂验收、安装调试、使用、维护修理、更新改造和报废等全过程进行技术管理，还对设备的最初投资，维修费用的支出以及折旧、更新、改造资金的筹措、积累和支出等进行经济管理。

现在汽车售后服务企业一般都建立了定机、定人、定岗的三定管理制度。为了提高效率，很多4S店在三定制度的基础上由专人担当汽车维修设备的管理，同时兼顾专用工具和维修资料的管理。汽车售后服务企业配备的这些设备、工具和维修资料要放置在适当的位置，这样在需要的时候就可以立刻拿到使用，提高工作效率。使用合适的设备、工具或参考准确的资料，对进行专业维修非常重要，这样能够确保顺利完成一次修复作业，从而提高客户满意度。

一、汽车维修设备的分类

汽车维修设备可以依据设备的结构、性能和工艺特征进行分类，分为汽车维修通用设备和汽车维修专用设备两类。

（1）汽车维修通用设备。汽车维修通用设备是指性能基本相同、汽车维修行业通用的设备，主要有适用的钻床、电焊及气体保护焊设备、气焊设备、压力机和空气压缩机等。

按照国家标准《汽车维修业开业条件》要求，汽车维修企业应配备的通用设备有：计算机、钻床、空气压缩机、电气焊设备、普通车床、砂轮机等。

（2）汽车维修专用设备。汽车维修专用设备是指针对各类车型维系生产的需要设计的非标准设备，按照设备的功能和作业部位的不同分为汽车清洗设备、汽车补给设备、汽车拆装整形设备、汽车加工设备、汽车举升运移设备和汽车检测设备六类。

1）汽车清洗设备。汽车清洗设备主要用于汽车车身、底盘外部和汽车零部件的清洗，按照用途可分为汽车外部清洗设备和汽车配件清洗设备。

汽车外部清洗设备主要用于汽车日常维护和维修前的清洗，完成汽车车头、车身和底盘的清洗工作。汽车配件清洗设备利用清洗剂对配件表面进行喷洗，达到清除油污的目的。

2）汽车补给设备。汽车补给设备按照用途可分为加油设备、充电设备和充气设备三类。在汽车维修作业中，需要给各润滑部位加注润滑油或润滑脂，给轮胎补充压缩空气，给蓄电池补充电力等。为提高添加剂量的准确性，改善维修人员的劳动条件，往往采用补给设备进行此项工作。

3）汽车拆装整形设备。汽车拆装整形设备主要用于汽车总成和零部件的拆装和车身（架）变形后的恢复，可以减轻维修人员劳动强度，保证维修质量，提高劳动生产率。汽车拆装整形设备主要包括电动扳手、气动扳手、轮胎螺母拆装机、U形螺栓螺母拆装机、液压机、半轴套管拉压器、车身校正器、齿轮轴承拉器和专用配件拆装工具等。

4）汽车维修专用加工设备。对配件进行加工是汽车维修过程中恢复零部件技术状况的一种方法。配件的加工设备种类很多，通用加工设备已成为国家的定型产品，如车床、刨床和磨床等。专用加工设备中，少部分是国家定型产品，大部分是非标准产品，如缸体加工设备，曲轴、连杆及轴承加工设备，配气机构加工设备，制动系统加工设备等。

5）汽车举升运移设备。汽车举升运移设备主要用于汽车维修生产中整车或配件运移设备部件的垂直、水平位移，以便进行拆装、修理和存放。其主要设备有龙门吊、单臂液压吊、二柱举升器、四柱举升器、埋入式液压举升机、液压千斤顶、前桥作业小车、后桥作业小车、变速器拆装小车和发动机翻转架等。

6）汽车检测设备。汽车检测设备的作用主要有汽车维修前的故障诊断，维修检测设备过程中零部件的检验，修竣后的性能检测和汽车使用中的定期技术状况检测。汽车检测设备种类很多，一般分为发动机检测设备、底盘检测设备和零部件检测设备，如丰田汽车诊断计算机，如图 3–4 所示。

二、汽车维修工具和资料

1. 汽车维修工具

按照各个汽车售后服务企业的实际情况，特别是对专一品牌经营的汽车 4S 店，一般在开业初期都会由厂家（如一汽奥迪、东风日产、上海大众、广汽丰田）根据各自品牌的车辆维修情况指定配置一些汽车维修设备、专用工具和各车型的维修资料让 4S 店进行选择或是购买。汽车维修工具通常又分为以下两类：

图 3-4 丰田汽车诊断计算机

（1）通用工具（如各种测量工具和常用扳手等）。

（2）专用工具。专用工具（Standard Service Tools，SST），也叫标准服务工具，它是专门针对某一类拆装或某一类车型开发使用的，如丰田汽车专用工具，配件编码为 09213-54015，曲轴带轮固定工具。

2. 汽车维修资料

为了维修技师能够掌握最新技术信息和能够依照标准的步骤来使用正确的专用工具以及工具进行维修，汽车售后服务企业必须配备所有维修车型的修理手册、电气电路图、新车特征说明书等修理手册。

三、汽车维修设备管理要点

对于所有的汽车售后服务企业，一是都应该有一份设备、工具和维修资料的台账，台账是企业用以记录设备资产，反映这些资产增减情况的账目，一般按类别逐一登记，或是按车间或班组逐台登记；二是要建立技术档案或卡片，包括有名称、规格、型号、厂牌、编号、维护情况，设备的主要技术参数和性能。所有资料都应该及时更新，由服务部保管，定期检查台账内容并确保企业备有必备的工具库存，实施定期维护并如实记录。

汽车售后服务企业的汽车维修设备管理主要有以下三个要点：

1. 建立设备管理台账

设备台账是掌握企业设备资产状况，反映企业各种类型设备的拥有量、设备分布及其变动情况的主要依据。设备台账一般有两种编排形式：一种是设备分类编号台账，它是以《设备统一分类及编号目录》为依据，按类组代号分页，按资产编号顺序排列，便于新增设备的资产编号和分类分型号统计；另一种是按照车间、班组顺序使用单位的设备台账，这种形式便于生产维修计划管理及年终设备资产清点。以上两种设备台账汇总，构成企业设备总台账。

汽车售后服务企业的设备种类较多，设备的价值各不相同，对于常用的，价值不太高的设备一般都划归不同的车间、不同的班组甚至不同的责任人管理。对于价值较高的设备一般都由设备管理专员专门管理。建立适应汽车售后服务企业的设备台账对于企业的资产管理具有十分重要的意义，同时也有利于设备的正常使用和维护。某汽车售后服务企业的设备台账见表 3-1。

表 3-1　某汽车售后服务企业设备台账

序号	设备编号	设备名称	数量	型号规格	生产厂名	出厂日期	设备重量/kg	总功率/kW
1		汽车大梁校正仪	1	TECHER 7	上海杜卡汽车设备有限公司	2011.8	2500	——
2		剪式举升机	4	FA-235cc	烟台安科液压机械制造有限公司	2011.8	2050	2.2
3		二柱举升机	10	TLT235SB	东莞市三和汽修焊接设备有限公司	2011.8	610	——
4		大力牌 DL-620SZR 四位一体轮胎拆装机	1	DL-620SZR	郑州超力汽保设备有限公司	2012.1	255	1.1/0.75
5		解码仪	1	X-431 3G 专家版	深圳市元征科技股份有限公司	2012.1	——	——
6		轮胎拆装机	1	TWC-502NIC	深圳市元征科技股份有限公司	2012.1	约 250	1.1
7		喷油器清洗机	1	CNC-801A	深圳市元征科技股份有限公司	2012.1	约 80	0.28
8		轮胎平衡机	1	KWB-402	深圳市元征科技股份有限公司	2012.1	——	——
9		冷媒加注回收净化机	1	VALUE-100	深圳市元征科技股份有限公司	2012.1	——	3/8HP
10		烤漆灯	2	TBM-222	深圳市元征科技股份有限公司	2012.1	——	1.6

2. 存放要点

（1）状态良好。

（2）容易取放。

（3）不容易丢失或误用（有人看管或监督）。

（4）放置在维修技师方便的地方。

（5）工具应当存放在工具箱中或悬挂在钉板上。无法悬挂的特殊测试工具可放置在工具架上。将小型精致的工具放置在保存容器中。

（6）可以在某些工具上刻字来辨别所属的经销店或所属班组。

3. 领用要点

必须进行设备工具的借还登记制度，有维修技师在取用和归还时所填写的“取用表”，也可采用铭牌制度，维修技师每人有一个金属铭牌，取用设备工具时，将铭牌挂在相应的设备工具存放位置上，归还时再将铭牌取下。

（1）快速。维修技师必须能够取得所需工具而无须等待过久。

（2）方便。必须容易管理及利用，首先不得将工具和配件直接放在地面上，以免丢失；其次将工具和配件放在托盘里，以便马上拿到。

回答下列问题

判断下面说法的正确性，请在对应的“□”中打上“√”。

（1）根据设备的结构、性能和工艺特征进行分类，汽车维修设备分为汽车维修通用设备和汽车维修专用设备两类。

正确　□　　　　错误　□

（2）空气压缩机可以给汽车轮胎充气，因此，空气压缩机是汽车维修专用设备。

正确 □ 错误 □

（3）现实情况下，汽车售后服务企业服务车型太多，不需要配备所有维修车型的修理手册、电气电路图、新车特征说明书等修理手册。

正确 □ 错误 □

（4）汽车维修设备和工具的管理一般都是敞开式的，为了提高设备和工具的使用效率，没必要对其进行专人的管理。

正确 □ 错误 □

学习完本任务后，完成下列任务

观察某汽车售后服务企业如何管理维修设备和维修工具。并说出其管理值得借鉴的地方和不足之处。

____

____

____

____

____

____

____

____

____

____

任务二　自测表

在教师签字前，你应在教师的帮助下，找出所有的错误，进行改正	
	回答
说出汽车维修设备的分类	
知道如何掌握汽车维修设备的存放管理	
知道如何掌握汽车维修设备的领用管理	
教师签字 ________ 日期 ________ 学生签字 ________ 日期 ________	

任务三　汽车售后服务企业的生产与质量管理

学习目的

本任务可以帮助你获得汽车维修生产与质量管理的能力。

（1）知道汽车售后服务企业汽车维修生产作业的组织方法。

（2）知道汽车维修生产组织的工艺过程。

（3）知道汽车维修质量管理的五个方面的内容。

（4）知道汽车售后服务企业的全面质量管理的含义。

（5）能够进行一次修复的判定和改善的方法。

学习信息

汽车维修生产是指对汽车维修过程中的劳动者、劳动工具、劳动对象以及维修过程的各个环节、阶段和工序进行合理安排，使其形成一个协调的系统。合理生产的目标是使得在各种维修过程中的耗时最短、耗费最少、质量最高。

质量管理是指在质量方面指挥和控制组织的协调的活动，以达到用户的满意。

因此，汽车售后服务企业必须根据自身的生产规模、工艺装备条件、工人的技术水平、维修对象、零部件和材料供应情况合理地组织和加强质量管理。

一、汽车维修生产作业的组织方法

1. 汽车维修生产作业的基本方法

（1）就车修理法。就车修理法是指修理作业时，要求被修复的主要配件和总成装回原车的修理方法。

就车修理法的优点：能保持原车的技术状况，客户比较满意，不需要备用总成，对维修车型复杂，送修单位不一的中、小型汽车售后服务企业比较适宜。

就车修理法的缺点：不容易组织流水作业，修理周期长，效率低。

（2）总成互换修理法。总成互换修理法是指修理作业时，用储备完好的总成替换汽车上不可用总成的修理方法。这种修理方法，除了载货汽车的车架和客车的车身不能互换外，其他总成都可以用储备完好的总成代替，替下来的总成则另行安排修理入库储备。

总成互换修理法的优点：便于组织流水作业，修理效率高，可以大大缩短修理时间，修理成本比较低，适合于维修车型单一、规模比较大的企业。

总成互换修理法的缺点：不能保证原车的技术状况，需要一定的周转总成。

2. 汽车维修生产作业的组织形式

（1）定位作业。定位作业是指汽车在固定的工位上进行修理的方法。通常，汽车的拆装、主要总成的拆装及车架、驾驶室的修理等，一般在固定的修理工位上完成，而拆卸后的修理作业可以在专业组进行。

定位作业的优点：占地面积小，不受时间限制，需要的修理设备简单，适合生产规模化不大或承修车型比较复杂的汽车售后服务企业。

定位作业的缺点：生产效率低。

（2）流水作业。流水作业是指汽车在生产线上的各个工位上按确定的工艺顺序和节拍进行修理的方法。

流水作业的优点：专业化程度高，生产效率高，一般适合于生产规模较大或承修车型比较单一的汽车售后服务企业。

流水作业的缺点：设备投资大，占地面积大。

例如，某一汽丰田汽车4S店在钣喷车间建立的生产流水线，有效地缩短一般普通的油漆修补时间，将以往需要几天时间的修补工作大大地缩短至8h，如图3-5所示。

钣喷快速作业流水线介绍		
启用时间：2007年3月19日		
维修对象：		特点：
施工面积	1板件≤面积≤4板件的非严重变形车	快速
维修工资	400元≤工资≤2000元	节省辅料
钣金维修时间	1h以内	专业
每日完成台数：8～12台（包括特殊情况车辆）		设备利用率最大化
工作站数：7站		劳动力利用率最大化
每站时间：60min		质量保证
技术人员：8人（每周7天工作，确保上班人数7人）		

图3-5 钣喷快速作业流水线介绍

（3）混合作业。混合作业是指汽车的拆装在固定的工位上进行，而拆下部分总成的修理则在流水线上按流水作业修理。

二、汽车维修的生产组织的工艺过程

1. 就车修理法的汽车修理工艺过程

就车修理法的工艺过程包括汽车进厂和外部清洗，检测诊断，汽车解体，零件清洗，零件检验分类（将零件分为可用、需修和不可用三类），配件修理，总成及部件装配试验，汽车检测测试，出厂检测和交车等。就车修理法的工艺过程如图3-6所示。

2. 总成互换修理法的汽车修理工艺过程

汽车进厂后进行外部清洗，经过检测诊断与技术鉴定后，签订维修合同，然后对汽车解体，从车上拆下总成，进行总成修理。总成修理试验完好后送入总成周转库；修竣车架进入汽车总装工位，然后从总成周转库中领取修竣的或新的总成和组件，进行汽车总装。汽车总装完成后进行试车交车，其工艺过程如图3-7所示。

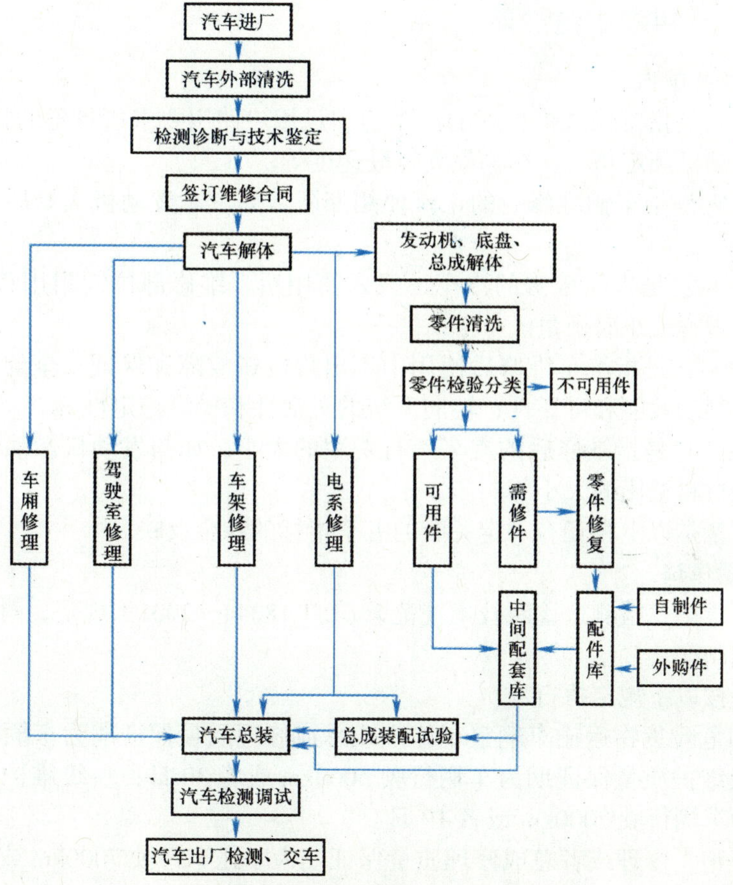

图 3-6　就车修理法的工艺过程

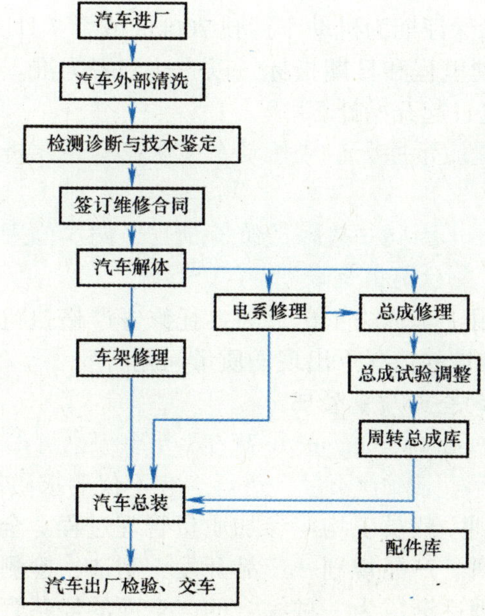

图 3-7　总成互换修理法的工艺过程

三、实施汽车维修质量管理

1. 汽车维修质量内容

（1）性能。它是指维修或维护好的汽车为满足用户使用要求所具备的技术特性。例如，汽车大修后，发动机额定功率、车辆最高行驶速度等。

（2）寿命。它是指车辆维修后的正常使用期限，如汽车发动机大修后，在通常条件下可行驶的里程等。

（3）可靠性。它是指经维修的汽车，投入使用后，维修部位的耐用程度和持久程度。一般用首发故障里程或小时衡量。

（4）安全性。它是指汽车维修后使用中不出现机械故障和保证安全的程度。例如，维修后制动系统的制动效能和可靠性；转向系统的灵活性和操纵稳定性等。

（5）经济性。它是指维修后的汽车运行费用的大小，如与发动机燃油经济性相关的油耗费用和其消耗材料费用的大小等。

汽车维修质量是以上相互有一定关联的五个指标的综合反映。

2. 维修质量保证

依照《汽车维护、检测、诊断技术规范》(GB/T 18344—2001）规定，对竣工出厂的车辆实行质量保证期制度。

质量保证期按以下规定执行：

（1）汽车和危险货物运输车辆整车修理或总成修理质量保证期为车辆行驶 20000km 或者 100 日；二级维护质量保证期为车辆行驶 5000km 或者 30 日；一级维护、小修及专项修理质量保证期为车辆行驶 2000km 或者 10 日。

（2）摩托车整车修理或者总成修理质量保证期为摩托车行驶 7000km 或者 80 日；维护、小修及专项修理质量保证期为摩托车行驶 800km 或者 10 日。

（3）其他机动车整车修理或者总成修理质量保证期为机动车行驶 6000km 或者 60 日；维护、小修及专项修理质量保证期为机动车行驶 700km 或者 7 日。

以上质量保证期中行驶里程和日期指标，以先达到者为准。质量保证期从车辆竣工出厂或签发竣工出厂合格证之日起开始计算。

质量保证期内，因维修质量原因造成机动车无法正常使用进厂返修的车辆，免返修工料费。

在质量保证期内，机动车因同一故障或维修项目经两次修理仍不能正常使用的，负责联系其他机动车维修企业，并承担相应修理费用。

以上质量保证期仅适用于车辆竣工出厂后，托修方严格执行驾驶操作规程和车辆走合期规定，合理使用、正常维护的情况下出现的质量问题。

3. 汽车售后服务企业的全面质量管理

全面质量管理（Total Quality Management，TQM）是组织全员参与为基础的质量管理形式，其核心思想是企业的一切活动围绕着质量来进行。它不仅要求质量管理部门进行质量管理，还要求从企业最高决策者到一般员工均应参加质量管理过程。全面质量管理还强调，质量控制活动应包括从市场调研、产品规划、产品开发、制造、检测到售后服务等产品寿命循环的全过程。全面质量管理逐渐成为一种综合的、全面的经营管理方式和理念，又被认为是一种以质量为核心的经营管理。在 1994 版 ISO9000 标准中，全面质量管理被定义为：一个组织以质量为中心，以全员参与为基础，目的在于通过让顾客满意和本组织所有成员及社会受益而达到长期成功的管理途径。

汽车维修质量，受维修企业生产经营活动等多种因素的影响，是维修企业各项工作质量的综合反映。要保证和提高维修质量，就必须把影响维修质量的因素全面系统地管理起来，即动员维修企业全体职工同心协力，全面提高维修专业技术、经营管理、数理统计和思想教育水平，建立健全用户接待、配件供应、维修操作、检验试验等活动全过程的维修质量保证体系，也就是全面质量管理体系，并使之有效地运行。

（1）全员参加维修全面质量管理。维修全面质量管理是维修企业各部门工作的综合反映。企业任何一个部门或个人的工作质量都会不同程度地、直接或间接地影响维修质量，因此必须把所有人员的积极性、创造性和责任感调动起来。人人关心维修质量，人人做好本职工作，全员参加维修质量管理，只有这样才能不断提高维修质量，达到用户满意。

实现全员维修质量管理，应注意抓好以下工作：

1）抓好全员的质量教育工作，加强职工的质量意识，牢固树立“质量第一”的思想，促进职工自觉地参加维修质量管理活动。同时还要不断提高职工的文化素质、专业技术知识、道德修养，并适应维修质量管理的需要。

2）要实现全员维修质量管理，还要开展各种形式的群众性质量管理活动，调动广大职工的积极性，充分发挥广大职工的聪明才智。

（2）全面质量管理范围。全面质量管理的范围是客户接待、进厂检验、故障诊断、维修作业、中间检验、配件供应、检验试车的全过程。

维修全面质量管理，要求把质量隐患消灭在维修过程之中，做到防检结合，以防为主，因此必须把质量管理的重点从单纯的试车检验，转到维修作业过程中，树立“下道工序就是客户”、“努力为下道工序服务”的思想。各环节、各工序都要坚持高标准、高质量，积极为下一环节、下一工序着想，努力为下一环节、下一工序提供便利。只有这样，才能使整个维修企业目标一致地保证维修质量。

（3）全企业的实施质量管理。要提高维修质量必须将分散在企业各部门的质量职能充分发挥出来，各部门都对维修质量负责，各部门的质量管理工作都是提高维修质量工作不可缺少的一部分，因此要求维修有关部门都要参加维修质量管理。但由于各有关部门在企业中的职责和作用不同，其质量管理的内容也是不一样的。为了有效地进行质量管理，必须加强各部门之间的组织协调、齐心协力把维修质量搞上去。

（4）采用多样的管理方法。随着汽车技术的发展，对汽车维修质量提出了越来越高的要求。影响维修质量的因素也是越来越复杂，既有物质因素，又有人的因素；既有技术因素，又有管理组织因素；既有企业内部因素，又有企业外部因素。要把这一系列因素系统地管理好，以提高维修质量，必须根据具体影响因素，灵活运用各种现代化管理方法，实行综合控制。在具体实施过程中，应注意以下几点：

1）尊重客观事实，依靠数据说话。在维修质量管理工作中，要保持严谨的工作作风，要求实事求是，科学分析，用事实和数据说话，用事实和数据反映质量问题。

2）遵循 PDCA 循环的工作程序。PDCA 是管理的基本方法，开展维修质量管理活动必须遵循、P（Plan）——计划、D（Do）——执行、C（Check）——检查、A（Action）——处理或分析总结，这一科学的工作程序。

3）应用科技学术成果。维修全面质量管理是现代汽车维修技术和现代管理技术相结合的产物，因此也应该采用现代科技手段为之服务，如先进的检测手段、先进的维修技术、计算机管理技术等。

四、一次修复

对于客户而言，他们对车辆维修服务的三个基本诉求是：维修品质、速度和价格。最根本的就是优良的维修品质，这直接决定了客户满意程度。

所谓一次修复就是第一次修理汽车的某一故障时就能完全修复。首先，在实际工作中，一次修复在企业和客户眼中其判断是有差异的。很多企业认为，符合一次修复的事例在客户看来却恰恰相反。有相当部分的客户虽然认为自己的车辆没有一次修好，却不会回厂，于是造成了“不以返修为特征”的“非一次修复”事例。其次，企业的维修服务流程涉及很多环节，即便技术过硬，依然不足以保证整个流程中不出现问题，或使客户认同企业对某一案件是否为一次修复的判断。再次，客户对维修时间的期待与要求越发明显，如果离开了“时间”的限制，“是否属于一次修复”将失去意义。另外就是各企业对一次修复的理解不一，而且缺少改善方法和工具。

1. 一次修复的判定

影响一次修复的因素通常分为四个方面：诊断维修技术、客户沟通、流程管控和配件供应。例如，一汽丰田汽车公司按照“从客户角度出发，多因素综合判断”的原则，提出了“一次修复”的判定方法，如图 3-8 所示。

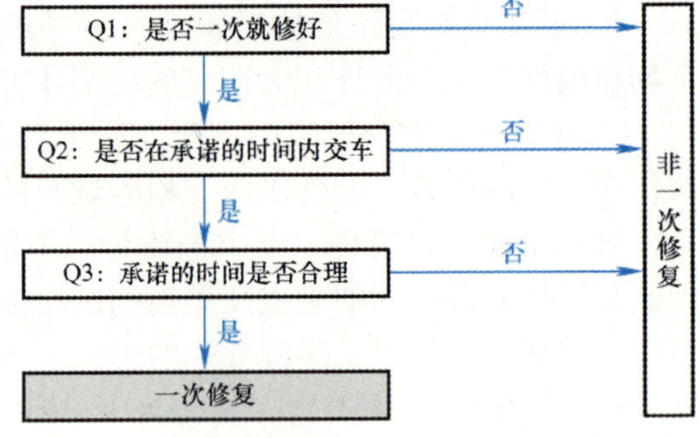

图 3-8 一汽丰田汽车公司的“一次修复”判定方法

按照图 3-8 中的顺序对客户进行提问，只有当三个答案全部为“是”的时候，此案例才判定为“一次修复”；任何一问题的答案为“否”，即结束该案件的调查，并将其视为“非一次修复”。对某些企业调查后发现，大部分汽车售后服务企业的一次性修复率很难达到 95%，企业面临的客户不满、返修、投诉等非一次修复的压力非常明显。某品牌旗下的 4S 店在 2009 年单店的返修量达到了 55 台 / 月，几乎每天有 2 台返修车辆（伴随着严重的不满，甚至投诉）使服务经理和总经理应接不暇。

2. 一次修复的改善

每个汽车售后服务企业都有各自的具体情况，其一次修复的改善的措施也可能各不相同，按照 PDCA 循环的工作程序，一次修复改善流程大概有如下几个步骤（图 3-9）：

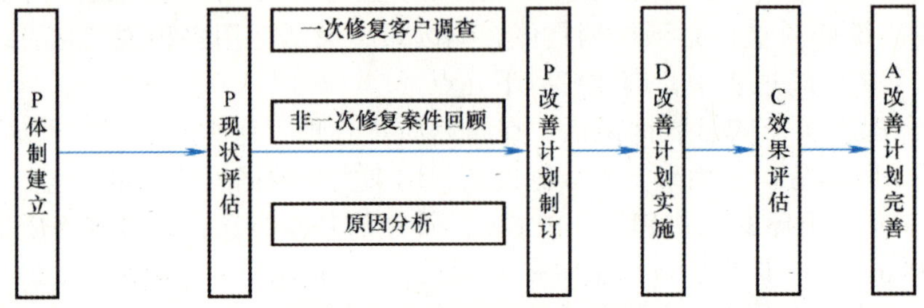

图 3-9 一次修复改善流程

（1）体制建立。建立以总经理为核心的一次修复改善人员体制。

（2）现状评估。通过电话调查方式，收集非一次修复案例，并计算一次修复率。对于非一次修复案例，与当事员工一起回忆，初步探寻问题所在。

（3）改善计划制订。召集改善研讨会，分析原因，制订改善对策，并将责任落实到人。

（4）改善计划实施。实施改善对策。如表 3-2 填写“故障问诊表”就是对一些被顾客认定为故障的问题点进行反复的甄别和记录，以图表的形式反映真实问题之所在。

（5）效果评估。对“一次修复率”进行监控，以评估改善对策实施效果。

（6）改善计划完善。完善改善计划，并开始下一个改善循环。

表 3-2　故障问诊表

故障类型：异响□　重大投诉□　安全相关□　多次维修□（上次维修组别：　　　）					
车型		车牌		里程	
生产日期		车架号		变速器类型	
用户名		电话		用户性别	
接车日期		交车日期		SA	
每日行驶里程：		车辆用途：		停车场：露天□　室内□	
使用环境：市区_____%　郊外_____%　山路_____%　未铺装路_____%					

客户基本信息

故障现象：什么部位？什么时候？做什么操作？什么时候	
客户描述：	
故障发生时：	
天气：	晴天□　阴天□　下雨天□　下雪天□　没有关系□　气温（　）℃
故障发生场地：	停车场□　一般道路□　高速道路□　坡路：上□　下□　平坦路□
	凹凸路□　恶劣路面□　弯道□　特定场地：
故障频率：	经常出现□　偶尔出现□　不再出现□　起动后到故障发生时间：
发生状态：	起动时□　怠速时□　行驶中□　前进时□　停车驻动时□　变速时□
	转向时（左转□　右转□　转向角度：小□　大□　转向盘方向□）　速度：低□　高□
	发动机转速：　r/min　车速：　km/h　发动机温度：　℃
	空调状态：开□　关□　风量：大□　小□　暖气□　冷气□　没关系□

故障发生前刚进行过的维修项目：	精品加装情况：
	历史事故情况：

历史情况

备注：	
填表日期：	填表人员：
TL 签名：	本次维修组别：

参考示例

某品牌汽车对下属汽车售后服务企业进行一次修复抽样调查，发现一些问题普遍存在于很多企业之中，如维修诊断能力薄弱，质检后故障依旧，技师能力不足、流程不规范，沟通不足，车辆入厂不均、预约率低等。

第一次修理就能完全修复是对售后服务一个简洁的概括，但涵盖的内容非常丰富，也体现了汽车售后服务企业全面质量管理的理念。要想做到一次修复，涉及服务工作的方方面面，任何一个环节出现问题都可能无法顺利将客户的车辆修好。一次修复是涉及面很广的课题，问题的出现往往是多方面的失误所导致的，所以一次修复是一个非常复杂的问题。汽车售后服务企业应从一些基础工作做起，建立坚实的基础才能构建强大的竞争力。

回答下列问题

判断下面说法的正确性，请在对应的“□”中打上“√”。

（1）汽车维修生产作业的组织形式可分为定位作业、流水作业和混合作业。

正确 □　　错误 □

（2）总成互换修理法的汽车修理工艺过程包括汽车验收和外部清洗、诊断检测、汽车解体、配件清洗、配件检验分类、配件修理、总成及部件装配试验、汽车总装试车、出厂检验和交车等。

正确 □　　错误 □

（3）机动车整车修理或者总成修理质量保证期为机动车行驶 5000km 或者 60 日；维护、小修及专项修理质量保证期为机动车行驶 1000km 或者 7 日。

正确 □　　错误 □

（4）汽车维修全面质量管理要求与质量相关的部门或人员参加。

正确 □　　错误 □

（5）所谓一次修复就是第一次修理汽车的某一故障时就能完全修复。

正确 □　　错误 □

学习完本任务后，完成下列任务

根据全面质量管理的思想，针对某汽车售后服务企业顾客经常反映的交车时间得不到保证的现状，请用 PDCA 的方法分析如何进行改善。

____

____

____

____

____

____

任务三　自测表

在教师签字前，你应在教师的帮助下，找出所有的错误，进行改正	
	回答
知道汽车售后服务企业汽车维修生产作业的组织方法	
知道汽车维修生产组织的工艺过程	
知道汽车维修质量管理的五个方面的内容	
知道汽车售后服务企业的全面质量管理的含义	
能够进行一次修复的判定和改善的方法	
教师签字 ________ 日期 ________ 学生签字 ________ 日期 ________	

项目三　学生学习目标检查表

你是否在教师的帮助下成功地完成单元学习目标所设计的学习任务	
	肯定回答
专业能力	
能够进行车间功能设施的定位和区域划分	
能够进行汽车维修设备进行管理	
能够进行汽车售后服务企业生产与质量管理	
关键能力	
你是否根据已有的学习步骤、标准完成资料的收集、分析、组织	
你是否通过标准，有效和正确地进行交流	
你是否按计划有组织的活动？是否沿着学习目标努力	
你是否尽量利用学习资源完成学习目标	

（续）

完成情况
所有上述表格必须是肯定回答。如果不是，应咨询教师是否需要增加学习任务，以达到要求的技能。 教师签字 ______________ 学生签字 ______________ 完成时间和日期 ______________

项目四

汽车售后服务企业安全、环保与4S管理

项目学习目标

通过本项目的学习，认识汽车售后服务企业有关安全、环保、4S管理的相关知识，获得按照企业相关标准进行汽车售后服务企业安全、环保、4S管理的能力。其具体表现为：

（1）能够进行汽车售后服务企业安全管理。

（2）能够进行汽车售后服务企业环境保护管理。

（3）能够进行汽车售后服务企业4S管理。

项目学习资源

有关汽车售后服务安全管理的资料，可查询文字或电子文档如下：

（1）各品牌汽车厂商的网页。

（2）各种介绍汽车售后服务流程管理的书籍。

（3）有关职场健康与安全的法律与法规。

可提供学习的环境和使用的设备

（1）车间或模拟车间。

（2）维修接待或模拟维修接待前台工作环境。

（3）安全的工作环境和工作场所。

（4）整车车辆。

（5）接待维修车辆和交车的必要技术文件。

项目学习任务

任务一　汽车售后服务企业安全管理

任务二　汽车售后服务企业环境保护管理

任务三　汽车售后服务企业4S管理

学生学习目标检查表

任务一 汽车售后服务企业安全管理

学习目的

本任务可以帮助你认识职业健康知识，并形成汽车售后服务企业安全管理的能力。

（1）认识职业健康知识。

（2）认识安全管理的定义、特点、遵循原则。

（3）运用汽车售后服务企业安全管理措施。

学习信息

在本项目学习内容中，安全、环保和4S管理之间不是独立的，而是相互关联、相互促进的。安全、环保是理念、是目标，4S管理则可以确保安全和环保的实现。

例如在进行整理工作时，将废弃物分类弃置于规定的收集容器内，则同时满足了环保的要求。对地面物品进行整顿，则可防止被满地乱扔的物品绊倒，达到了安全的目的。

可以说，安全、环保、4S三者一起，代表的是一种规范化、制度化、负责任的企业形象，是现代企业发展的方向和典范。

案例导入

叶先生的轿车是去年11月份买的。2月的一天上午，他开车来到4S店做首次维护，顺带贴膜和安装倒车雷达。同时他还向工作人员反映，车辆发动机声音比较响，希望也能一起查查。因为4S店做完这些要花四五个小时，叶先生还有其他事情，就把车钥匙留下后离开了，打算晚些时候再来取车。

大约过了半个小时，叶先生的手机响了，是4S店打来的，说车子出了点事故，请他回来一趟。叶先生觉得事情不妙，赶紧返回4S店。眼前的情景让他惊呆了：半个小时前还好好的轿车，现在却面目全非，车头凹进去了，驾驶室车门只能打开一半，散热器也被撞坏。

4S店解释说，刚才员工开出去试车，在外面马路上和一辆轻型货车撞了，本方负全责，保险公司定损7000多元。这家4S店售后服务部的一位负责人说，客户的车子放在店里维护维修，如果店里的员工要开出4S店试车，必须填写“试车单”，并要有店内相关领导签字，同时一般还要征得车主同意，如果车主在场，就要车主签字，如果车主离开了，只是因为一些小问题进行路试的话，有时也不用告知车主。这位负责人还表示，会妥善处理此事，“无论什么原因，车主把车子委托给我们，我们都要承担一定的责任。我们已经提供了一辆临时代步车给车主，接下来的处理会和车主进一步协商。”

律师认为，根据相关法律规定，车主在将车辆送到4S店进行维修维护时，双方已经建立了合同关系，4S店负有车辆安全保管义务。4S店员工履行试车职务行为时，造成车主财产损失的，4S店应当对受损车辆进行维修，恢复原状，赔偿损失。车主还可以针对车辆受损造成的其他间接损失向4S店主张权利，如车辆修理期间的交通费、误工费，车辆受损贬值费等。

另一方面，试车时发生车祸不同于普通车祸，保险公司普遍免责。保险条例规定，凡在汽车维护、维修期间发生车祸，保险公司将不予赔偿。“没办法，有关损失费用要我们4S店自己买单。”那位负责人表示。

分析结论

安全是一个企业管理中务必注意的方面，一旦事故发生，轻则造成客户不满意，企业负担经济损失，影响企业形象，重则造成企业停业整顿，相关责任人被追究法律责任，极大损害企业形象。汽车售后服务企业针对事故风险极高的汽车服务，加之维修车间的特种设备较多，用电频繁，其安全生产具有非常重要的意义。

一、职业健康

职业健康也称职业卫生，它是指员工在职业活动过程中免受有害因素侵害为目的的领域，以及在法律、技术、设备、组织制度和教育等方面所采取的相应措施。

在汽车售后服务企业职场中，威胁职业健康不良因素来源有三个途径：生产过程、劳动组织和作业环境。

（1）生产过程。由于汽车维修作业过程中，维修人员长时间接触汽油、润滑油、油漆、粉尘等化学物质，同时还受到烤漆房高温作业、发动机发动产生的强烈噪声和振动。激光焊接产生的射线辐射等物理因素作用，并常常在举升的车辆下方、狭小的零部件之间等充满危险的地方工作，长时间的固定姿势造成的劳动损伤和职业病时有发生。

（2）劳动组织。劳动组织和制度不合理（如劳动作息制度不合理）也会造成劳动者精神或心理性职业紧张，劳动强度过大或生产定额安排不当（如安排的作业与劳动者生理状况不相适应，超负荷加班加点等），劳动者长时间处于不良姿势或使用不合理的工具、不符合安全人机工程的要求等。

（3）作业环境。作业环境中的有害因素有自然环境因素（如炎热季节的太阳辐射），缺乏必要的卫生技术措施如通风换气或照明等，作业环境的卫生条件不符合国家卫生标准，缺少必要的个人劳动防护用品和卫生设施等。

在实际的生产场所和过程中，多种职业有害因素往往同时存在，对维修人员的健康产生联合作用，如激光焊接作业既有射线、眩光等物理性因素，又有视觉紧张、肩臂紧张等生理危害，同时由于工作压力大、工作单调，更容易产生心理紧张。只有对职业性有害因素进行全面的治理，才能保障员工的健康，为员工创造一个安全、卫生的工作环境。

二、企业安全管理的定义、内容、特点和基本原则

1. 安全的定义

安全是指免除不可接受的损害的状态，即在任何场所下不受威胁，不出事故，没有危险、危害和损失的状态。

职场健康安全是指在作业场所内、生产过程中可能引起伤亡和职业危害的保护。保护的对象是作业场所中的员工、临时工作人员、合同方人员、访问者和其他人员。

2. 企业安全管理的定义和内容

企业安全管理是以实现安全保障为目的的，以国家的法律、规定和技术标准为依据，运用现代安全管理原理和方法，采取经济、文化等手段，科学地组织、指挥和协调，对企业

生产的安全状况实施有效制约的一切活动。

企业安全管理对象包括：企业经营者、生产管理者、生产人员在内的全体员工，生产的设备和环境，生产的动力和能量，以及管理的信息和资料。企业安全管理内容主要包括安全行政管理、安全技术管理和工业卫生管理。

安全行政管理主要指以行政手段对企业职工行为进行规范，包括企业安全决策，计划的制订与实施，安全生产责任制的落实，各项规章制度的执行，以及日常的安全教育、检查、隐患治理、事故处理等靠行政命令执行的工作。

安全技术管理要以国家技术标准的安全要求为依据，对设备、设施、装置等是否符合标准状态进行检查、维修等管理工作。

工业卫生管理主要是指检查作业环境是否符合安全卫生要求，对职工的健康检查，职业病的预防、调查、报告等管理工作。

3. 企业安全管理的特点

企业的安全管理工作通常具有以下一些特点：

（1）预防性。安全管理必须树立“预防为主”的思想，必须把安全工作做在事故发生之前，尽一切努力杜绝事故发生。预防性是安全生产管理的显著特点。

（2）长期性。任何企业只要生产活动还在进行，就有不安全的因素存在，就必须做好安全管理。这一特点决定了安全工作是一项长期、经常、艰苦细致的工作。

（3）科学性。安全工作有其规律性，各种安全制度、规程都是实践经验的总结。企业职工必须不断学习有关安全的科学知识，采取科学的预防措施，才能掌握安全生产的主动权。

（4）群众性。安全生产是一项与广大员工切身利益密切相关的工作，必须建立在广泛的群众基础上，全员参与，人人重视，安全才能得以保证。

我国现行的安全生产管理体制是“企业负责”。企业负责是指企业的经营管理者必须为职工的职业活动提供全面的安全保障，对职工在劳动过程中的安全、健康负有领导责任。一方面，企业法人代表对企业安全生产全面负责，全面落实安全生产责任制。另一方面，企业作为独立的法人团体，对企业发生的事故，应当承担法律责任、行政责任或经济责任。

4. 企业安全管理基本原则

（1）“生产、安全同时抓”原则。一切从事生产、经营活动的单位和管理部门都必须管安全，在管理生产的同时认真贯彻执行国家安全生产的法规、政策和标准，制定本企业、本部门的安全生产规章制度，包括各种安全生产责任制、安全生产管理规定、安全卫生技术规范、岗位安全操作规程等，健全安全生产组织管理机构，配齐管理责任人员。

（2）“安全具有否决权”原则。安全工作是衡量企业经营管理工作好坏的一项基本内容。在对企业进行各项指标考核、评选先进时，必须要首先考虑安全指标的完成情况。安全指标具有一票否决权。

（3）“三同时”原则。凡是我国境内新建、改建、扩建的基本建设项目、技术改造项目和引进的建设项目，其劳动安全卫生设施必须符合国家规定的标准，必须与主体工程同时设计、同时施工、同时投入生产和使用。

（4）“五同时”原则。企业的生产组织及领导者在计划、布置、检查、总结、评比生产工作的时候，同时计划、布置、检查、总结、评比安全工作。

（5）“四不放过”原则。调查处理工伤事故时，必须坚持事故原因分析不清不放过，事故责任和群众没有受到教育不放过，没有采取切实可行的防范措施不放过，事故责任者没有被处理不放过。

安全管理没有终点。它贯穿在企业生命的每分每秒，是个持续改善的过程。

安全生产与经济建设、深化改革、技术改造同步规划、同步发展、同步实施。

同时，企业应有计划、重效果、及时反馈、分阶段、精神物质鼓励相结合地推进安全工作，从物品、人员、环境等方面逐一排查，避免高温高压腐蚀危险，杜绝工作马虎或侥幸心理，与时俱进采用现代化安全管理方法，防止事故发生。

可以说，安全管理不仅是国家的一项重要政策，也是市场经济发展的需要，是现代社会和现代企业实现安全生产和安全生活的必由之路，是企业在经营过程中，能够在工作状态、行为、设备及管理等一系列活动中给员工带来既安全又舒适的工作环境，系统地建立防伤病、防污染、防火、防水、防盗、防损、防泄密、防疫等措施。安全管理不仅关系到广大职工的生命财产等切身利益，关系到职工的生产积极性，关系到企业在社会中的良好形象，更与企业的经济效益息息相关，是其可持续发展的重要基石。

三、汽车售后服务企业安全管理措施

1. 汽车售后服务企业安全管理内容

结合汽车售后服务企业的生产过程可以看到，其安全管理涉及的对象主要包括办公室人员、维修车间人员、客户等所有出入企业的相关人员，由于其生产过程的特殊性，管理内容又包括常规安全、维修设备安全、维修作业安全、技术文件资料安全、路试安全等。

2. 汽车售后服务企业安全管理法规

（1）适用的国家法律有《中华人民共和国安全生产法》《中华人民共和国消防法》等；实施细则有《建筑内部装修设计防火规范》《公共场所阻燃制品及组件燃烧性能要求和标识》《劳动防护用品管理规定》等。

（2）地方性法规，如《重庆市安全生产监督管理规定》《贵州省安全生产条例》《广东省工伤保险条例》。

（3）国家质量监督检验检疫总局颁发的《汽车维修业开业条件》中，对汽车维修企业安全生产做了以下要求：

1）企业应具有与其维修作业内容相适应的安全管理制度和安全保护措施，建立并实施安全生产责任制。安全保护设施、消防设施等应符合有关规定。

安全生产责任制，即企业的各级领导、职能部门、工程技术人员和在一定岗位上的劳动者个人在劳动生产过程中对安全生产层层负责的制度，是企业的一项基本管理制度，也是安全生产、劳动保护的核心。

2）企业应有各类机电设备的安全操作规程，并将安全操作规程明示在相应的工位或设备处。

针对作业的如喷漆、试车操作规程，针对设备的如举升机、空气压缩机操作规程。

3）使用与存储有毒、易燃、易爆物品和粉尘、腐蚀剂、压力容器等均应有相应的安全防护措施和设施。安全防护措施应有明显的警示、禁令标志。

例如，气瓶的操作规程中应加入“开启时必须使用专用工具，操作人员站在瓶阀出气口侧面，禁止将头或身体对准气瓶总阀；气瓶应存放于阴凉、干燥、远离热源的地方，易燃气体气瓶与明火距离不小于5m”等内容。

4）生产厂房和停车场应符合安全、环保和消防等各项要求，安全、消防设施的设置地点应明示管理要求和操作规程。

5）应具有安全生产事故的应急预案。

3. 汽车售后服务企业安全管理具体措施

（1）管理层面采取的安全措施。管理层面采取的安全措施主要包含以下内容：

1）企业应在充分了解生产作业过程及其所涉及的人员、技术、设备的基础上，仔细甄别安全隐患，防微杜渐，从细小的地方做起，针对不同的工种、作业和设备，制定符合安全原则的操作工艺和规程；落实安全责任制，将管理、宣传、实施、监督等责任落实到具体的个人，并给予公示。

2）在企业内部进行全员安全培训，确保所有员工（包括新进员工）明确地知道安全生产的重要性，明确地理解企业的安全管理方针和理念，熟练地掌握本岗位和所操作机械设备的安全操作规程。

3）工作过程中，所有作业人员应遵章守纪，服从指挥，规范作业。

4）定期开展安全教育和整顿。对一段时间内发生的安全事故进行统计和公告，总结事故发生原因，改进相应操作和规定。根据人员变动等新情况对实施细则进行调整。变更内容同样需要公示。

（2）维修场地的安全措施。维修场地的安全措施主要有：

1）维修车间的平面布局合理，维修工位和车辆通道有合理的搭配，维修车辆进出方便。

2）每个维修工位要有足够的面积和高度。

3）维修车间通风、采光应良好。

4）维修车间的消防设施应齐全良好。

5）维修车间应有合理的供排水系统。

6）维修车间应采用合理的地面措施，防止打滑。

7）面积较大的维修车间应设有可供人员逃生的紧急疏通安全通道。

8）不要放置不必要的物品，以免成为步行或行驶中的障碍。

（3）维修人员的安全措施。维修人员的安全措施主要有：

1）特种作业人员必须按国家有关规定经专门的安全作业培训，取得特种作业操作资格证书，方可上岗。

2）企业应教育和督促全体人员严格执行本单位的安全生产规章制度和安全操作规程。

3）维修人员应了解其作业场所和工作岗位存在的危险因素、防范措施及事故应急措施，及时对企业的安全生产工作提出建议。

4）维修人员在维修作业过程中，应严格遵守本企业的安全生产规章制度和操作规程，服从管理，正确使用劳保用品。

5）维修人员应接受安全生产教育和培训，掌握安全生产知识，提高安全意识，增强事故处理能力。

6）企业管理人员不得违章指挥，不得侵犯维修人员合法利益。

（4）保护客户的安全措施。保护客户的安全措施有：

1）确保顾客在经销店各区域不迷路。

2）确保顾客不被放置的物品击中。

3）确保客户停车场无车祸，设置停车轮挡（图 4-1）。

4）确保儿童游乐区无危险。

（5）维修设备使用的安全措施。维修设备使用的安全措施主要有：

1）设备应经常维护，定期检查。

2）危及生产安全的工具设备应及时淘汰。

3）选购设备时优先考虑其安全性。

4）各设备使用时不得相互干涉。

图 4-1 停车轮挡

（6）维修车辆试车或移动的安全措施。维修车辆试车或移动的安全措施有：

1）应有专门的制度针对试车或移动。

2）试车或移动应由安全意识和驾驶技术好的人员担任。

3）未经允许不得随意移动车辆或试车。

4）车间规划设计时应考虑车辆的专用通道、移动路线并设置限速牌、反光镜等。

（7）危险品使用的安全措施。危险品使用的安全措施主要有：

1）危险品应存放于专门的危险品仓库，并有专人管理。

2）危险品在运输、使用、存放过程中应注意密封、轻拿轻放、避免高温等。

3）危险品附近应配备消防器材。

（8）正确穿戴劳动保护用具。正确穿戴劳动保护用具应了解：

1）劳动保护主要是指在劳动生产过程中，实施的避免劳动伤害的制度上、措施上的行为。

2）劳动保护用品有六大类：头部护具类、呼吸护具类、眼（面）护具类、防护服类、防护鞋类、防坠落护具类。

（9）急救措施。急救措施包含：

1）要配备急救箱，并将急救箱放置在容易辨认的场所。

2）急救箱中必须放入止血、消毒和烫伤类药品，以及绷带、创可贴等。

3）指定责任人，定期检查急救箱中药品，处理过期药补充新药品。

回答下列问题

在备选选项中，选出你认为正确的所有答案。

1. 汽车售后服务企业的安全管理内容有（　　）。

   A. 常规安全　B. 设备安全　C. 路试安全　D. 操作安全

2. 汽车售后服务企业日常安全管理适用的法律法规有（　　）。

   A. 道路交通安全法　B. 安全生产法

   C. 汽车维修业开业条件　D. 环境保护法

3. 安全操作规程的制定方法有（　　）。

   A. 按工种制定　B. 按设备制定　C. 按人员制定　D. 按作业制定

4. 易燃气体气瓶与明火的距离应（　　）。

   A. 不大于 3m　B. 不小于 3m　C. 不大于 5m　D. 不小于 5m

5．安全的原则是（　　）。

A．防微杜渐　　B．预防为主　　C．麻痹大意　　D．以人为本

学习完本项目后，完成下列任务

在老师的带领下，分组模拟汽车售后服务企业的安全管理会议，拟订一份企业的安全管理措施。

学习活动形式——角色扮演

学生分别扮演以下角色：负责安全的副总、保安、服务顾问、机修工、钣金工、仓库管理等工作岗位的人员，收集各领域资料，模拟练习。

任务一　自测表

在教师签字前，你应在教师的帮助下，找出所有的错误，进行改正	
	回答
知道职业健康知识	
认识安全管理的定义、特点、遵循原则	
运用汽车售后服务企业安全管理措施	
教师签字 ______________ 日期 ______________ 学生签字 ______________ 日期 ______________	

任务二　汽车售后服务企业环境保护管理

学习目的

本任务可以帮助你认识环境保护知识，实施汽车售后服务企业的环境保护管理。

（1）知道环境保护知识。

（2）运用汽车售后服务企业环境保要点。

学习信息

案例导入

2009年，家住海口市的陈女士向媒体反映：自家的80亩[1]鱼塘被某汽车品牌4S店排出的废润滑油污染了。陈女士在媒体记者面前打开了该4S店旁边的市政排污井盖，顿时，一股润滑油味扑鼻而来。陈女士说，这些废润滑油都是这家4S店的维修车间里排出的。陈女士告诉记者，她家投资80万元建的80亩鱼塘已经有20年的时间了，由于这两个月经常刮风下雨，一下大暴雨排水井海水倒灌，排水井里的废润滑油污水溢出来，流入位于这家4S店后的鱼塘里。“鱼客跟我反映，为什么这段时间我的鱼都有油臭味？我自己也很纳闷，怎么会有油臭味呢？我们全家八口人都靠这个鱼塘生活，现在这些鱼客已经不跟我有生意往来了，这两个月我损失了30余万元，生意无法继续。”陈女士说起鱼塘被污染的事，欲哭无泪。

据该店修理车间负责人王先生说，他们这家店已经开了两年了，但是最近这两个月以来经常下暴雨，排水沟里的污水倒灌上来，污水横流，他们店也被水淹了。并且他们的润滑油都会回收再出售，不会直接进入排污管道。

海口市国土环境资源局的工作人员接到投诉后立即赶到了现场，并查看了该4S店的排污系统。工作人员在该汽车4S店的汽车清理间看到，这个清理间地面和下水沟已经覆盖了厚厚的黑色油污。海口市国土环境资源局工作人员表示，这家4S店的修理车间没有排污水处理系统，排污系统并没有达到环保的要求。随后，国土环境资源局工作人员给这家4S店下发了整改通知。至于赔偿问题，国土环境资源局的工作人员表示，这必须要由海口市环境监测站提取鱼塘里的水样化验，是否超过了标准，双方再协商处理。

分析结论

作为一个有责任的企业，保护环境是义不容辞的责任，也是法律对企业的要求。汽车售后服务企业生产的特点涉及粉尘、噪声、废油、污水等环境保护的薄弱环节，进行环境保护是一项非常艰巨的任务。一个企业若能在生产的同时，努力做到了环境保护，那么该企业会受到社会的尊敬，也会赢得更多的顾客的赞同。

自然环境和生活环境是人类生存的必要条件，其组成和质量好坏与人体健康的关系极为密切。人类活动排放各种污染物，使环境质量下降或恶化。反之，污染物可以通过各种媒介侵入人体，使人体各种器官组织功能失调，引发各种疾病，严重时导致死亡。经历了工业社会发展引起的两次环境问题大爆发，世界各国政府和人民都意识到人类活动对环境造成的危害，强调保护和改善人类环境的重要性和迫切性。地球只有一个，可是这个地球正在被我们人类制造出来的各种环境灾难所威胁：水污染、空气污染、噪声污染、垃圾污染、臭氧层空洞……环境的恶劣与否，关系到人类生活质量的高低，是人类赖以生产和发展的客观条件。保护环境就是保护我们的粮仓、保护我们的能源库，就是保护我们自己的生存。

一、环境保护

1. 环境的相关概念

环境是指影响人类生存和发展的各种天然的和经过人工改造的自然因素的总体，其内

[1] 1亩=666.7m^2。

容既包括自然环境，也包括人的生存、生活环境（人工环境）。

自然环境也称地理环境，通俗地说，是指未经过人的加工改造而天然存在的环境。自然环境按环境要素，又可分为大气环境、水环境、土壤环境、地质环境和生物环境等，是人类赖以生存和发展的物质基础。人工环境是指在自然环境的基础上经过人的加工改造所形成的环境，或人为创造的环境。人工环境与自然环境的区别，主要在于人工环境对自然物质的形态作了较大的改变，使其失去了原有的面貌。

2. 环境问题

环境问题主要是指人类活动作用于周围环境所产生的环境质量变化，以及这种变化反过来对人类的生产、生活和健康产生的影响，是人类经济社会发展与环境的关系不协调所引发的问题。

当前全球范围内面临的环境问题主要是人口、资源、生态破坏和环境污染。

仅以大气环境污染为例，其危害就包括：

（1）造成酸雨严重。酸雨的危害又包括：破坏森林生态系统，改变土壤性质和结构，破坏水体生态系统，腐蚀建筑物，损害人体呼吸系统和皮肤。欧洲 15 个国家 700 万 hm^2 森林受酸雨影响，我国酸雨面积已达国土面积的 29%。

（2）破坏臭氧层。被破坏了的臭氧层导致辐射地表的太阳紫外线增强，诱发白内障和皮肤癌，降低人体免疫力。2000 年南极上空臭氧层空洞面积达 $2830hm^2$，相当于三个美国的国土面积。

（3）造成温室效应和气候变化。大气环境污染导致地球温度升高，改变降雨和蒸发体系，影响农作物和粮食资源，改变大气环流，进而影响海洋水流，冰川融化海平面上升，富营养区的迁移、海洋生物的再分布。近年来，我国北方呈现出“冬暖、夏热、春来早”的气候特点，全球平均海平面上升了 14cm。

3. 环境保护措施

环境保护是解决环境问题的重要途径。所谓环境保护是指人类为解决现实的或潜在的环境问题，协调人类与环境的关系，保障经济社会的持续发展而采取的各种行动的总称。其方法和手段有工程技术的、行政管理的，也有法律的、经济的、宣传教育等。

针对不同的环境问题，环境保护分成了大气污染防治、水污染防治、固体废物综合利用和处理、噪声污染防治等。

（1）大气污染防治。大气污染防治通常采用的治理方法有：

1）吸附法。它是使废气与大表面多孔性固体物质相接触，使废气中的有害组分吸附在固体表面，使其与气体混合物分离从而达到净化的目的。

2）催化法。它是利用催化剂的催化作用，将废气中的有害物质转化为无害物质或易于去除的物质，从而治理废气。

3）燃烧法。它是将含有可燃有害组分的混合气体加热到一定温度后，组分进行燃烧，或在高温下氧化分解，从而使这些有害组分转化为无害物质。

（2）水污染防治。水污染的治理方法有：

1）均衡调节法。多数工业企业排出的废水水质、水量常常是不稳定的，具有很强的随机性。这时，要进行水量的调节与水质的均衡。调节和均衡主要通过设在废水处理系统之前的调节池来实现。

2）沉淀。它是利用废水中悬浮物密度比水大这一特点，借助重力作用下沉的原理达到固液分离的目的。

3）筛除与过滤。它是利用过滤介质截留废水中的悬浮物。

4）离心分离。废水中的悬浮物借助离心设备的高速旋转，在离心力作用下与水分离。

5）化学法。它是利用化学作用处理废水中的溶解物质或胶体物质。

（3）固体废物综合利用和处理。工业固体废物来自工业部门生产和加工过程，如各种废渣、粉尘、废屑、污泥等。其处置办法有：

1）焚化法。它是将有机有毒固体废物通过焚化使其转化成二氧化碳、水和灰分。

2）固化法。它是采用物理或化学的固化剂，使有害废物形成基本不溶解或溶解度较低的物质，或将他们包封在惰性固化体中进行处理。

3）海洋投弃法。它是将有害固体废物直接或经过处理以后投入海洋。

4）化学处理法。它是利用有害固体废物的化学性质，将有害物质转化为无害的最终产物。

5）生物处理法。它是利用生物技术和特性，通过生化过程，使废物经生化的降解而降低或解除毒性，使之无害化。

二、汽车售后服务企业环境保护

汽车售后服务企业因其业务的特殊性，涉及三废排放需经专门处理。例如，洗车废水需修建沉淀池，喷漆废气需经过无纺布过滤及活性炭吸附才能排入大气等。

1. 环境保护法律、法规

（1）国际法律。国际环境管理体系认证ISO14000是全球商业、工业、政府和其他用户用来约束组织的环境行为的系列标准，具有适应性强、有弹性、持续改善的特征。它包括制定、实施、评审和保持环境方针所需的组织结构、策划活动、职责、程序过程和资源，以达到节省资源、减少环境污染、改善环境质量、促进经济持续健康发展的目的。

ISO14000的基本要点有：将尾端污染治理转为全过程污染控制；强调建立完整的环境管理体系；预防污染必须持续改善提高；处理任何一件事都讲究程序，做到文件化；以现行环保法规为依据，重在环境因素控制。

组织实施ISO14000，可以将环境保护工作贯穿在产品设计、生产、流通和消费的全过程，优化企业的环境行为，达到节省资源能源、改善环境、增强市场竞争力、提高员工环保意识、提高企业形象的效益。

（2）国家宪法。我国宪法第九条、第十条、第二十二条、第二十六条对环境与资源保护做出了强制性规定。涉及的具体法律法规有：《中华人民共和国环境保护法》《中华人民共和国水污染防治法》《中华人民共和国大气污染防治法》《中华人民共和国固体废物污染环境防治法》《中华人民共和国环境噪声污染防治法》《化学危险品安全管理条例》。

（3）地方法律。各地方政府针对环境保护制定了如《重庆市环境保护条例》《重庆关于加强汽车维修行业废矿物油环境管理工作的通知》等，规定了环境影响评估、污染物排放、噪声防治、环境检测等内容。

（4）行业法规。在《汽车维修业开业条件》(国家标准 GB/T 16739.2—2014）中，对行业内企业的环境保护工作做出了以下规定：

1）企业应具有废油、废液、废气、废水、废蓄电池、废轮胎、含石棉废料及垃圾等有害物质集中收集、有效处理和保持环境整洁的环境保护管理制度。有害物质存储区域应界定清楚，必要时应有隔离、控制措施。其中，废油、废液、废水主要有机修车间废润滑油、废齿轮油、制动油、助力油、洗车污水、机修车间清扫废水、食堂卫生间污水等。废气主要有喷漆废气、燃烧废气、机修车间尾气、食堂油烟等。垃圾如油桶、空气瓶、使用过的手套等。

2）作业环境以及按生产工艺配置的处理“四废”（废油、废液、废气、废水）及采光、通风、吸尘、净化、消声等设施，均应符合有关规定。

如所选设施是否满足相关性能要求，产品质量是否合格，安装使用是否符合产品说明。

3）涂漆车间应设有专用的废水排放及处理设施，采用干打磨工艺的，应有粉尘收集装置和除尘设备，并应设有通风设备。

4）调试车间或调试工位应设置汽车尾气收集净化装置。

（5）企业规定。部分汽车生产企业对其下游企业在环境保护方面有具体要求，如“应设立专人负责关注和处理环境相关问题，应保有书面的环保方针，使用专用环保漆”等。

2. 汽车售后服务企业环境保护要点

（1）防止水污染。防止水污染的主要措施有：

1）禁止任何人将污水、含有有毒化学药品的废水排放到水沟中。

2）禁止任何人将垃圾、废油、废渣、有毒废弃物排放下水道。

3）严禁用稀释方法排放废液。

4）应有污水、污油收集隔离池等环保设施。

5）应设有污水的三级隔油隔渣池。

（2）防止大气污染。防止大气污染的主要措施有：

1）禁止在厂内烧沥青、油毡、橡胶、塑料及其他可产生毒性气体的废物。

2）汽车喷漆必须在厂房内进行，喷漆间要安装排风扇，排放口放置活性炭。

3）储藏的油漆及稀释剂，经常坚持防止漏失，妥善保管。

（3）防止其他污染。防止其他污染主要措施有：

1）做好各种设备的维护。

2）加强废油管理，凡是更换下来的废油一律储存于专门的容器内，统一管理回收。

3）砂轮机、空压机等产生较大噪声的设备，经常注意检修，以减少噪声污染，必要时建立专用隔音房。

4）应适当减少晚上作业时间，防止噪声扰民。

（4）环保职责。环保职责应包含：

1）设兼职环保员一名，负责全厂环境保护工作。

2）认真学习宣传环保方针政策及有关规定，不定时监督坚持执行情况。

3）对严重违反环保条例的个人，要进行教育批评和经济处罚。

回答下列问题

判断下面说法的正确性，请在对应的“□”中打上“√”。

（1）环境是指大气环境、水环境、土壤环境、地质环境和生物环境。

正确　□　　　　错误　□

（2）环境保护是解决环境问题的唯一途径。

正确　□　　　　错误　□

（3）“四废”是指废油、废液、废气、废水。

正确　□　　　　错误　□

（4）洗车的水可以直接排入城市下水道。

正确　□　　　　错误　□

学习完本任务后，完成下列任务

根据你观察4S店的环境保护管理情况，请找出环境保护管理中的弊病，指出存在的问题，提出解决的措施，并填写好表4-1环境保护管理情况核查表。

表4-1　环境保护管理情况核查表

序　号	存在问题（现状）	危　害	处理措施	责任人
1				
2				
3				
4				
5				
6				
7				

任务二　自测表

在教师签字前，你应在教师的帮助下，找出所有的错误，进行改正	
	回答
知道环境保护知识	
运用汽车售后服务企业环境保要点	
教师签字 ____________ 日期 ____________ 学生签字 ____________ 日期 ____________	

任务三 汽车售后服务企业 4S 管理

学习目的

本任务可以帮助你合理地运用汽车售后服务企业 4S 管理技巧。

（1）知道 4S 管理的含义。

（2）知道 4S 管理流程。

（3）运用 4S 常用管理技巧。

学习信息

4S 管理是汽车售后服务企业最常见的管理模式之一。其起源于日本，是指在生产现场中对人员、机器、材料、方法等生产要素进行有效的管理。

1955 年，日本现场管理的宣传口号为“安全始于整理，终于整理整顿”。当时只推行了前两个 S，其目的仅为了确保作业空间和安全。后因生产和品质控制的需要而又逐步提出了 3S，从而使应用空间及适用范围进一步拓展。到了 1986 年，日本现场管理的相关著作逐渐问世，从而对整个现场管理模式起到了冲击的作用，并由此掀起了现场管理改革的热潮。

日本企业将 S 运动作为管理工作的基础，推行各种品质的管理手法，第二次世界大战后，产品品质得以迅速地提升，奠定了日本经济大国的地位，而在丰田公司的倡导推行下，S 管理对于塑造企业的形象、降低成本、准时交货、安全生产、高度的标准化、创造令人心旷神怡的工作场所、现场改善等方面发挥了巨大作用，逐渐被各国的管理界所认识。随着世界经济的发展，多 S 管理已经成为工厂管理的一股新潮流。

一、4S 管理的含义

4S 代表一种管理模式，即整理（Sifting/Seiri）、整顿（Sorting/Seiton）、清扫（Sweeping/Seiso）、清洁（Span/Seiketsu），4 个“S”开头英文单词 / 日文罗马拼音的首字母缩写。

（1）整理。整理是 4S 管理的起点，它是指把必要的东西与不必要的东西区分开，并把不必要的东西处理掉。“东西”不仅仅指物品，也指头脑中的思想意识。

1）整理的目的：①腾出空间；②防止误用、误送；③创造清爽的工作场所；④清理工作思路。

2）整理的要点：①对自己的工作场所进行全面检查；②确定“必要品”和“非必要品”的判断标准；③将不要的物品清除出工作场所；④明确必要品的使用频率，决定日常用量及放置位置，制度废弃物处理方法。

（2）整顿。整顿是 4S 管理的基本点。它是指确认有用的物品后，将它们分门别类的放置，并进行标志和定置、定位，使物品随手可取。另外对必要品实行目视管理、颜色管理，进行适当的定位，使物品放置标准化，员工可以快速、正确、安全地取用所要的物品。这样能大大提高工作效率。

1）整顿的目的：①使工作场所一目了然，营造整齐的工作环境；②减少寻找物品的时间。

2）整顿的要点：①整顿是进一步巩固整理工作的成果；②对工作流程进行合理布局，确定放置场所；③规定放置的方法；④画线定位；⑤对场所、物品进行标志；⑥整顿的“三要素”，即“场所、方法、标志”缺一不可；⑦物品的保管实行三定，即“定点、定容、定量”。

（3）清扫。清扫是4S管理的立足点。它是指将工作场所中的设备、工具等打扫干净，并除去污染源，对整理、整顿已改善完成的事项进行持续性的维持和改进，使工作场所无垃圾、尘垢和污染，进而提高产品品质及工作效率。每个人有责任负担相关区域的清洁工作，对设备及工位器具进行维护，自己的范围自己打扫干净。

1）清扫的目的：①消除脏污，保持工作场所明亮；②提高产品质量；③减少工作伤害。

2）清扫的要点：①划分企业内外的清扫责任区；②执行例行扫除，清理脏污；③调查污染源，并予以隔离；④建立清扫标准并作为管理规范。

（4）清洁。清洁是4S管理的落脚点。它是整理、整顿、清扫的坚持与深入，将之前三项进行到底保持其成果，并将前三项工作标准化、制度化，并持之以恒。

1）清洁的目的：巩固、改进以上3S的成果。

2）清洁的要点：①落实前面3S的成果；②制订目视管理实施办法；③制订考评方法；④制订奖惩制度，加强检查执行力度；⑤高层主管经常巡查，以示重视。

4S管理的基本要求是改善工作环境，养成良好习惯。通过规范现场、现物，营造一目了然的卖场环境，对外可以提升企业形象，吸引客户，增强信心，对内培养员工的团队精神和良好的工作习惯，革除马虎之心，养成凡事认真的习惯，养成遵守规定的习惯，养成自觉维护卖场环境整洁明了的良好习惯，养成文明礼貌的习惯。4S管理的要求又不仅仅是干净整洁，更不是一次性的短暂活动，而在于不断追求和改善。有了标准化和人性化的4S管理后，员工处在良好的工作环境之下，不仅能更开心更投入地工作，还能使工作效率得到提高，生产质量得到保障，管理成本得以降低。某办公室桌面实施4S前后对比，如图4-2所示。

图4-2　某办公室桌面实施4S前后对比

二、4S管理流程

4S管理流程如图4-3所示。

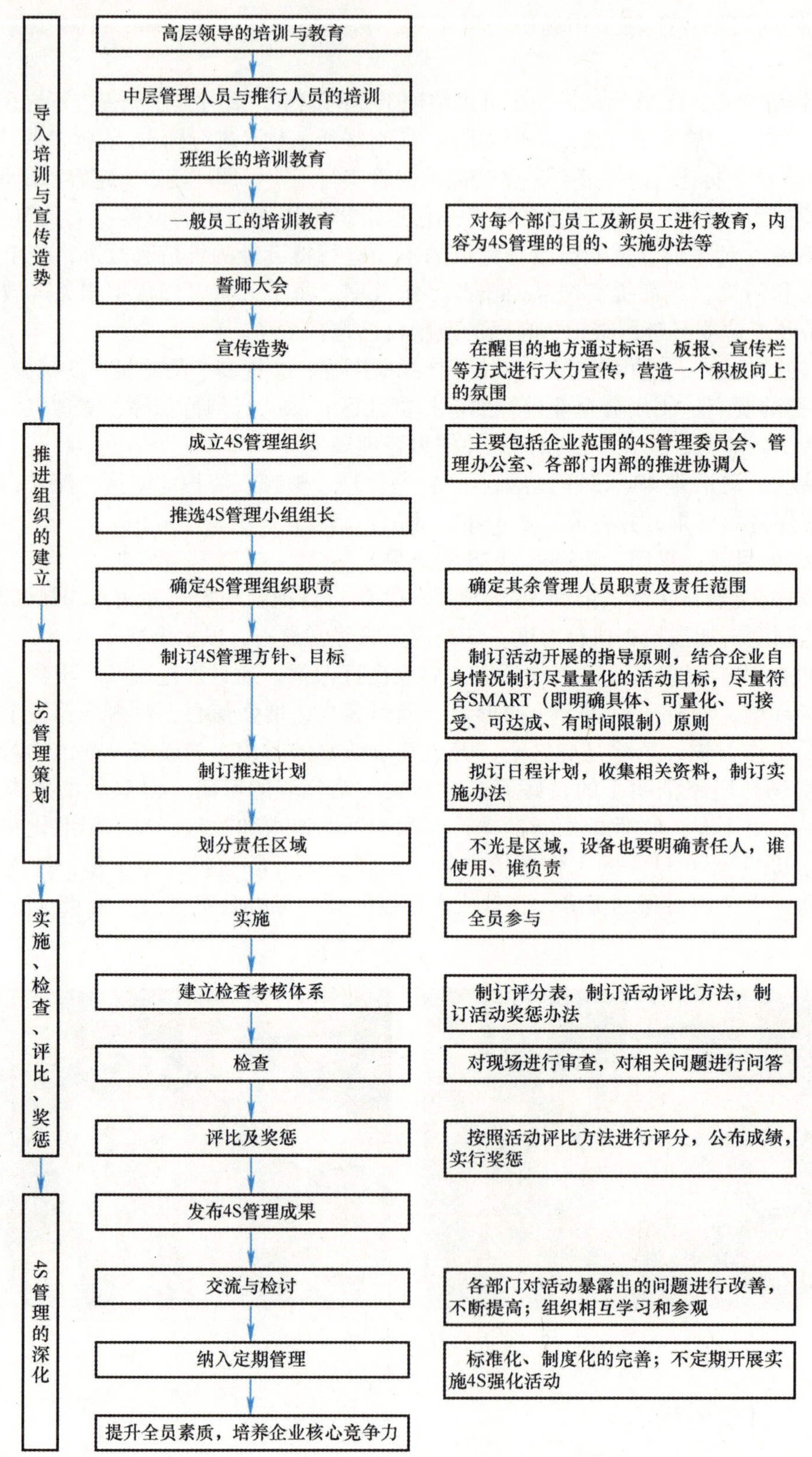
导入培训与宣传造势
高层领导的培训与教育
中层管理人员与推行人员的培训
班组长的培训教育
一般员工的培训教育
对每个部门员工及新员工进行教育，内容为4S管理的目的、实施办法等
誓师大会
宣传造势
在醒目的地方通过标语、板报、宣传栏等方式进行大力宣传，营造一个积极向上的氛围
推进组织的建立
成立4S管理组织
主要包括企业范围的4S管理委员会、管理办公室、各部门内部的推进协调人
推选4S管理小组组长
确定4S管理组织职责
确定其余管理人员职责及责任范围
4S管理策划
制订4S管理方针、目标
制订活动开展的指导原则，结合企业自身情况制订尽量量化的活动目标，尽量符合SMART（即明确具体、可量化、可接受、可达成、有时间限制）原则
制订推进计划
拟订日程计划，收集相关资料，制订实施办法
划分责任区域
不光是区域，设备也要明确责任人，谁使用、谁负责
实施、检查、评比、奖惩
实施
全员参与
建立检查考核体系
制订评分表，制订活动评比方法，制订活动奖惩办法
检查
对现场进行审查，对相关问题进行问答
评比及奖惩
按照活动评比方法进行评分，公布成绩，实行奖惩
4S管理的深化
发布4S管理成果
交流与检讨
各部门对活动暴露出的问题进行改善，不断提高；组织相互学习和参观
纳入定期管理
标准化、制度化的完善；不定期开展实施4S强化活动
提升全员素质，培养企业核心竞争力

图 4-3　4S 管理流程

三、多 S 管理

当今流行的企业管理方法中，除了 4S，类似的还有 5S、6S、8S 等。

5S——整理、整顿、清扫、清洁、素养（Shitsuke）。

6S——整理、整顿、清扫、清洁、素养、安全（Security）。

8S——整理、整顿、清扫、清洁、素养、安全、节约（Save）、学习（Study）。

从以上可以看到，多 S 是在 4S 的基础上增加了素养、安全等项目。4S 是基础，多 S 是对 4S 的补充和提高，万变不离其宗。多 S 管理从现场抓起，使员工更安心地工作，最终是提高员工素质。

如今，包括福特、富士康、比亚迪、丰田在内的众多企业都加入到主动进行多 S 管理的大军中，其中海尔的 6S 管理最为让人称道。当走进海尔集团的车间，许多企业界人士都为整洁、有序的现场所折服，对于那些一遇到领导视察或客户参观就发动大扫除来“迎接”的企业而言，这样的现场更是让人羡慕。海尔集团的车间里专门设有醒目的“6S 大脚印”，用来总结 6S 的管理经验，由此可见海尔人对 6S 的重视程度，6S 也为海尔集团成为世界级企业做出了巨大贡献。

四、4S 常用管理技巧

1. 早会

早会由中、基层管理人员负责，定时、定期举行，一般包括教育、理念及目标等内容，频率一般为每周 3 ~ 5 次，每次 10min 左右。

早会的作用有：

（1）通过早会使 4S 教育始于教育，终于教育。

（2）通过早会可以传播企业文化。

（3）通过早会可以实施追踪与管理。

（4）通过早会可以给主管及员工提供良好的锻炼机会及轻松的沟通氛围。

2. 点检表

点检表起初主要用于设备管理，现在被企业的经营管理等各个方面所采用，其主要项目有点检项目、方法、周期、记录、异常情况记录及处理情况等。

点检表的作用有：

1）使设备隐患和异常及时被发现并得到解决。

2）保证检查和维护的质量，降低突发性事故发生的可能性，有利于增加产量和降低维修费用。

3）有利于推行各种经济责任制，提高工作效率。

4）有利于建立完整的设备技术资料档案。

3. 目视管理

目视管理是利用形象、色彩等各种视觉感知信息来组织现场生产活动，达到提高劳动生产率的一种管理方式。目视管理有三个要点：无论是谁都能判断；能迅速判断，精度高；判断结果不会因人而异。

目视管理的作用有：

（1）目视管理形象直观，能提高员工的生产效率。

（2）目视管理能对员工产生良好的心理效应。

（3）目视管理透明度高，能起到激励员工的作用。

4. 作业标准化

对工作方法进行分析总结，将最正确、最经济、最有效的工作方法加以文件化，并教育员工在作业中遵照执行，即是作业标准化。

作业标准化的作业：

（1）将作业标准维持在最佳状态，避免工作出现偏差。

（2）减少因员工流失给企业带来的技术损失。

（3）为教育训练员工提供良好的教材。

5. 头脑风暴法

头脑风暴，即无限制的自由联想和讨论，其目的在于产生新观念或激发创新设想。

头脑风暴法的作用：

（1）联想能产生新观念。

（2）畅所欲言能提出大量的新思路。

（3）集体讨论问题能激发人的热情。

（4）竞争意识能开动思维机器。

回答下列问题

1. 根据自己的理解，描述4S各个S的含义及具体操作：

（1）1S：____

（2）2S：____

（3）3S：____

（4）4S：____

2. 判断下面说法的正确性，请在对应的“□”中打上“√”

（1）4S的起点是整理。

正确 □ 错误 □

（2）4S在执行阶段的要点是全员参与。

正确 □ 错误 □

（3）4S执行一次就可以了。

正确 □ 错误 □

（4）安全、环保和4S管理是相互独立的。

正确 □ 错误 □

3. 查阅一条环境保护相关法律，并说明在汽车售后服务企业中应该怎样落实执行该条文。

____

____

____

____

学习完本任务后，完成下列任务

按照 4S 管理流程，运用管理技巧，观察 4S 店的 4S 管理情况，请找 4S 管理中的弊病，指出存在的问题？解决的措施是什么？

____

____

____

____

____

____

____

____

____

____

____

____

任务三　自测表

在教师签字前，你应在教师的帮助下，找出所有的错误，进行改正	
	回答
知道 4S 管理的含义	
知道 4S 管理流程	
运用 4S 常用管理技巧	

教师签字 ____________ 日期 ____________

学生签字 ____________ 日期 ____________

项目四　学生学习目标检查表

你是否在教师的帮助下成功地完成单元学习目标所设计的学习活动	
	肯定回答
专业能力	
能够进行汽车售后服务企业安全管理	
能够进行汽车售后服务企业环境保护管理	
能够进行汽车售后服务企业 4S 管理	
关键能力	
你是否根据已有的学习步骤、标准完成资料的收集、分析、组织	
你是否通过标准，有效和正确地进行交流	
你是否按计划有组织的活动？是否沿着学习目标努力	
你是否尽量利用学习资源完成学习目标	
完成情况	

所有上述表格必须是肯定回答，如果不是，应咨询教师是否需要增加学习活动，以达到要求的技能。

教师签字 ____________________

学生签字 ____________________

完成时间和日期 ____________________

项目五

汽车维修配件管理

项目学习目标

通过本项目的学习，认识汽车售后服务企业维修配件管理的相关知识，获得按照业务标准流程进行维修配件采购与仓储管理的能力。其具体表现为：

（1）能够对汽车维修配件的采购进行管理。

（2）能够对汽车维修配件的仓储进行管理。

项目学习资源

有关汽车售后服务流程管理的资料，可查询文字或电子文档如下：

（1）各品牌汽车厂商的网页。

（2）各种介绍汽车售后服务流程管理的书籍。

（3）有关职场健康与安全的法律与法规。

可提供学习的环境和使用的设备

（1）安全的工作环境和工作场所。

（2）配件仓库或模拟配件仓库。

（3）不同类型的汽车配件。

（4）配件管理的软件操作平台。

（5）工具。

项目学习任务

任务一　维修配件采购管理

任务二　维修配件仓储管理

学生学习目标检查表

任务一　维修配件采购管理

学习目的

本任务可以帮助你运用准时化采购的原理，合理地确定维修配件的采购量。

（1）认识准时化采购的理念及意义。

（2）知道准时化采购的原理和特点。

（3）学会计算维修配件的采购量。

学习信息

20世纪50年代，丰田汽车公司突破了传统的生产管理理念，以“最低成本原则、杜绝浪费”的核心思想来改善生产流程与管理系统，而贯穿其中的两大支柱是“准时化”与“自动化”。这一理念性的变革，使丰田汽车公司取得了前所未有的业绩，成为了汽车业的巨头。后来丰田汽车公司的这一思想，很快在各大制造业、服务业等行业中被广泛应用。

丰田汽车公司认为，企业在生产运营过程中，通过原材料成本来控制生产总成本的力度是有限的，且在市场环境的综合影响下企业之间成本控制的差别并不大。而在生产过程中杜绝浪费来控制成本，则有巨大的发挥空间。因此丰田汽车公司在生产过程中运用了“零库存”理念、合理化思想、看板方式、提案制度、全面质量管理（TQM)、准时生产体制、全员生产维修（Total Productive Maintenance，TPM）等。例如，丰田汽车的零组件管理方式叫作准时化（Just In Time，JIT)。把制造一部车所需的两万多个零组件浓缩为最小极限的构想，即把当前所需装配的必要量视为一个单位，从而在盛装这个单位的箱子上面贴以明信片大小的传票，传票上记载何时生产、生产多少、运往何处等作业指示。装配工厂在将零组件用尽时，空箱送往零组件工厂。零组件工厂则根据看板上的指示，生产和装入给定的品种、给定的数量、在给定的时间送到给定的地点。丰田汽车公司采用这种作业方式，使库存下降到通常的1/5。

对于汽车售后服务企业来说，生产过程中库存浪费无疑是发展中最大的阻碍之一。在生产运营的过程中，如何通过恰当的采购管理保证正常生产的同时，尽可能地降低库存、提高资金周转率、减少浪费是各企业运营管理者思考的难题。

一、准时化采购管理

准时化采购又叫零库存采购。它是由丰田汽车公司创造的JIT理念（即准时化管理思想）演变而来的。

1. 准时化理念

准时化（Just In Time，JIT）的基本思想是以“杜绝浪费”“只在需要的时候，按需要的量，生产所需要的产品”。准时化是追求一种无库存生产系统，或是库存量达到最小的生产系统。

2. 准时化采购原理

准时化采购的原理如图 5-1 所示。

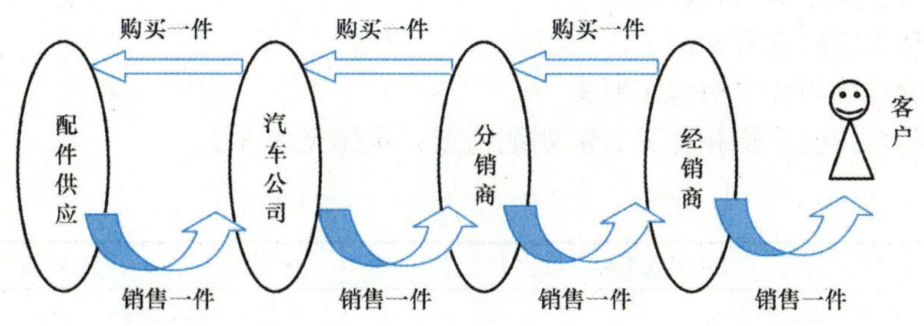

图 5-1　准时化采购原理

（1）采购送货是直接送到需求点上。

（2）用户需要什么，就送什么，品种规格符合客户需要。

（3）用户需要什么质量，就送什么质量，品种质量符合客户需要，杜绝次品、废品。

（4）用户需要多少，就送多少，不少送，也不多送。

（5）用户什么时候需要，就什么时候送货，不晚送，也不早送，非常准时。

（6）用户在什么地点需要，就送到什么地点。

准时化采购是一种理想的无库存采购方式，它的核心是使库存最小化管理系统，即消除一切只增加成本，而不向产品中增加价值的过程。准时化的最终目标是利润最大化，基本目标是努力降低成本。它设置了一个最高标准，一种极限目标，即零配件的库存为零，缺陷为零。为了尽可能实现这样的目标，准时化采购提供了一个不断改进的有效途径，即降低物资库存—暴露物资采购问题—采取措施解决问题—降低物资库存。

3. 准时化采购的作用

准时化采购的作用主要体现在以下几点：

（1）大幅度减少零配件的库存。根据国外一些实施准时化采购策略企业的测算，准时化采购可以使库存降低 40% ~ 85%。零配件库存的降低，有利于减少流动资金的占用，加速流动资金的周转，同时也有利于节省零配件库存占用的空间，从而降低库存成本。

（2）提高零配件采购质量。实施准时化采购，可以使购买的原材料和外购件的质量提高 2 ~ 3 倍。而且，采购件质量的提高，又会引致质量成本的降低。据估计，推行准时化采购可使质量成本减少 26% ~ 63%。

（3）降低采购价格。由于供应商和制造商的密切合作以及内部规模效益与长期订货，再加上消除了采购过程中的一些浪费（如订货手续、装卸环节、检验手续等），就使采购价格得以降低。

此外，实行准时化采购策略，不仅缩短了交货时间，节约了采购过程所需资源（人、财、物），而且提高了企业的劳动生产率，增加了企业的适应能力。

4. 准时化采购的特点

准时化采购的特点主要表现在以下七个方面：

（1）采用较少的供应商，甚至单源供应。

（2）采取小批量采购的策略。

（3）对供应商选择的标准发生变化。

（4）对交货准时性的要求更加严格。

（5）从根源上保障采购质量。

（6）对信息交流的需求加强。

（7）可靠的送货和特定的包装要求。

准时化采购与传统采购相比具有鲜明的特点，具体见表 5-1。

表 5-1 准时化采购与传统采购的特点

项　目	准时化采购	传统采购
采购批量	小批量、送货频率高	大批量、送货频率低
供应商选择	长期合作，单源供应	短期合作，多源供应
供应商评价	质量、交货期、价格	质量、价格、交货期
检查工作	逐渐减少，最后消除	收货、点货、质量验收
协商内容	长期合作、质量与合理价格	获得最低价格
运输	准时送货、采购者负责计划安排	较低成本、供应商负责计划安排
文书工作	工作较少、需要的是有能力改变交货时间和质量	文书量大，改变交货期和质量的采购单多
产品说明	供应商革新、强调性能宽松要求	买方关心设计，供应商没有创新
包装	小、标准化容器包装	普通包装，无特别说明
信息交流	快速、可靠	一般要求

二、零配件采购量的确定

1. 标准库存量的计算

准时化采购方式根据配件需求的历史情况，决定每一种零配件的库存数量，即标准库存数量（Standard Stock Quantity，SSQ）。

标准库存数量具体计算方式如下：

$$SSQ = MAD \times (O/C + L/T + S/S)$$

式中 MAD（Monthly Average Demand）——月均需求数量；
O/C（Order Cycle）——订货周期；
L/T（Lead Time）——到货周期；
S/S（Safe Stock）——安全库存周期。

（1）月均需求数量（MAD）的计算。月均需求数量（MAD）如何计算呢？例如，某配件在前六个月的销售统计情况见表 5-2。

表 5-2 某配件在前六个月的销售统计情况

月　份	1 月	2 月	3 月	4 月	5 月	6 月
销售数量 / 个	10	5	8	6	15	10

$$MAD = \frac{10个 + 5个 + 8个 + 6个 + 15个 + 10个}{6} = 9个$$

因此，月均需求数量的计算公式如下：

$$MAD=\frac{配件各月销售数量之和}{月数}$$

（2）订货周期（O/C）的计算。例如：

一个月订 1 次货：O/C =1 个月

一个月订 2 次货：O/C =0.5 个月

一个月订 4 次货：O/C =0.25 个月

因此，订货周期的计算公式如下：

$$O/C=\frac{1}{每月订货次数}$$

（3）到货周期（L/T）的计算。到货周期即配件从卖方的仓库到买方仓库需要的时间。例如，1 个月 = 1 个月，半个月 = 0.5 个月，以此类推。

（4）安全库存周期 S/S 的计算。通常的情况下如果保有订货周期和到货周期这两个周期的库存基本是没问题的，但有的时候会因为运输问题或市场炒作造成未到货或者库存销售异常，所以有必要准备一部分安全库存（S/S）应付意外。

安全库存的计算公式如下：

$$S/S=(O/C+L/T)\times 70\%$$

2. 建议订货数量（采购量）的计算

当库存零配件发生消耗以后，应该根据实际情况及时采购来补充库存，采购数量（Suggested Order Quantity，SOQ），即建议订货数量的计算公式如下：

$$SOQ = SSQ - O/H - O/O + B/O$$

式中　O/H（On Hand）——现有库存数量；

O/O（On Order）——在途数量；

B/O（Back Order）——追加订货，就是当没有库存或库存不足的时候所发生的替客户做的追加订货。

值得注意的是：追加订货客观地反映了库存中的不足，所以要把追加订货随时加入月均需求数量的计算中以客观地调整标准库存量的变化。

回答下列问题

1. 实际采购量的计算：某汽车 4S 店，仓库中某型号的轮胎储备只剩两个，现打算采购一批新轮胎。请根据现有数据为配件采购员小李计算一下本次的轮胎采购量（SOQ）。根据以往经验，该公司每月采购一次轮胎，从采购订单生效起至货到时需要一周时间，暂时无客户提出追加该配件的需求。上一次采购的轮胎已全部入库。表 5-3 为 2015 年 12 个月该型号轮胎的销售记录。

表 5-3　2015 年 12 个月该型号轮胎的销售记录

月份	1 月	2 月	3 月	4 月	5 月	6 月	7 月	8 月	9 月	10 月	11 月	12 月
轮胎数 / 只	3	3	3	7	3	8	12	8	5	5	6	3

请写出各参数的计算过程：

____

____

____

____

____

2. 判断下面说法的正确性，请在对应的“□”中打上“√”。

（1）汽车售后服务企业配件采购管理如果采用了准时化采购理念，就是指该企业的配件库存为零。

正确 □　　　　错误 □

（2）汽车售后服务企业采购管理模式应该是多样化的，针对不同配件可采用不同的采购方式。

正确 □　　　　错误 □

（3）准时化采购是企业以订单为生产目标，采用小批量多品种生产，其目标是合适时间生产合适产品，给合适的客户，即零库存，在这个目标下产生准时准确的采购。

正确 □　　　　错误 □

（4）对于汽车售后服务企业的易损件，准时化采购模式并不适用。

正确 □　　　　错误 □

（5）采用准时化采购管理方式可以不断发现目前库存管理中隐藏的问题，通过不断地改进，最终达到库存量的最小。

正确 □　　　　错误 □

任务一　自测表

在教师签字前，你应在教师的帮助下，找出所有的错误，进行改正	
	回答
认识准时化采购（JIT）的理念及意义	
知道准时化采购的原理和特点	
正确计算维修配件的采购量	

教师签字 ________________ 日期 ________________

学生签字 ________________ 日期 ________________

任务二　维修配件仓储管理

学习目的

本任务可以帮助你认识配件仓储管理知识，合理地实施维修配件仓储管理流程。

（1）认识配件仓储管理知识。

（2）知道配件入库、仓储、出库、盘点管理的内容。

（3）掌握维修配件仓储管理流程。

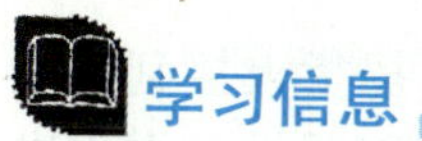

学习信息

维修配件的仓储管理是汽车售后服务企业维修配件管理的重要内容之一。

仓储管理是指为了顺利地进行仓库作业活动，使人、设备和物资三要素协调配合，消灭浪费，防止由于不量力而行和不平衡造成失误而进行的一系列管理活动。仓储管理的过程，是从物资入库开始，到把该批物资发出去为止的全部过程，主要是围绕着物资进库、保管和维护、出库而开展的一系列活动。

汽车配件仓储管理就是以汽车配件的入库、保管、维护和出库为中心而开展的一系列活动。

汽车配件材料类型：

（1）金属制品，如钢铁材料、非铁金属。

（2）橡胶制品，如天然橡胶、合成橡胶。

（3）其他材料，如工程塑料、玻璃、石棉制品等。

（4）汽车美容用品。

（5）油类和液类，如汽油机润滑油、柴油机润滑油、制动油、齿轮油、防冻液、车蜡、油漆配件等。

有的配件精度很高，精密配件不能随便拆换，如柴油机的喷油泵芯套和喷油器；有的不仅保管期限短，而且对保管的温度有一定的要求，如补胎胶；有的是易碎品，如汽车玻璃、各种大小灯泡、车门等。由于汽车是一种技术含量很高的产品，近年来许多高、精、尖的技术都在汽车上应用，如计算机、安全气囊、防抱死制动系统、电喷系统等，因此对此类装置的维修维护和配件储存提出了更高的要求。

为了保管好各种各样的汽车配件及其横向产品，必须根据其不同的性质、特点区别对待，妥善地处理好在入库、保管和出库中发生的一系列技术问题。

一、维修配件入库管理

汽车维修配件一经验收入库，就划清了责任界限。因此，需要对采购到货后的配件进行相应的入库管理。入库流程为：接运、验收和办理入库手续三个程序（图 5-2）。

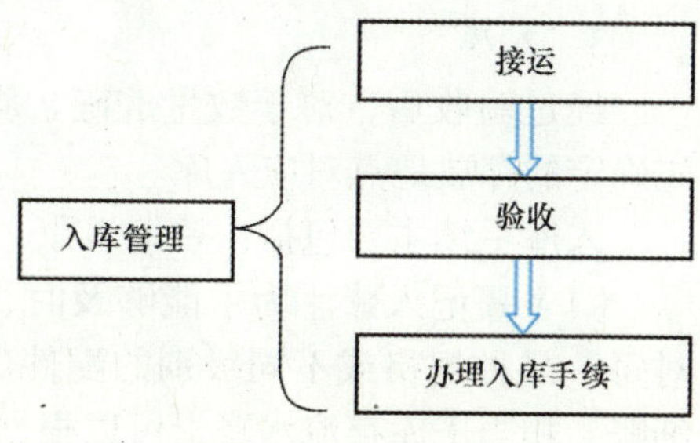

图 5-2　入库管理流程

1. 接运

接运是维修配件仓库收到到货通知后，向承运部门或供货地点提取配件的工作。在接运时，接运人要对照“货物单”认真检查，做到交接手续清楚，证件资料齐全，避免将已存在问题的配件带入仓库，造成仓库的验收或保管出现困难。

接运根据到货地点的不同分为几种方式，常见的有专线接运，供货单位提货，车站、码头提货等。

（1）专线接运。专线接运是指在建有铁路专用线仓库内，当到货后在专用线上进行卸车。

（2）供货单位提货。当仓库与供货单位在同一地点时，常采用自提方式进货。由仓库自备运输工具，按照订货合同规定的自提配件直接到供货单位提取。一般来说，该种方式付款手续与提货同时办理，因此应该严格检查外观质量，点清数量。

（3）车站、码头提货。车站、码头是维修配件仓库提货的主要地点。提货人接到到货通知后，应预先了解所到配件的数量、重量和特点，并相应地做好运输装卸器具和人力准备。提货时，提货人应认真核对配件运号、名称、收货单位和件数与运单是否相符；仔细检查包装等外观质量，如发现包装破损、少件、受潮、油污、锈蚀、损坏等情况，应会同承运部门一起查清，并开具文字记录，才能将货提回。

2. 验收

即将入库的配件必须经过严格的验收，并且验收要做到及时、准确，在规定时间内完成。验收程序如图 5-3 所示。

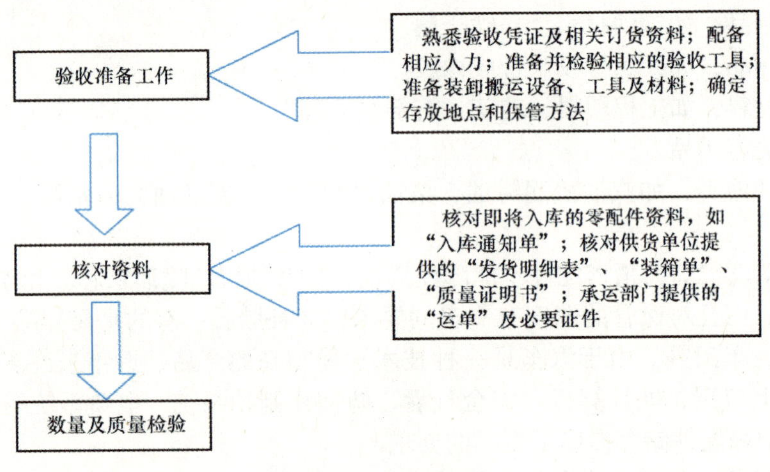

图 5-3 验收程序

3. 入库

经过验收后，对于数量准确、质量合格的维修配件应该及时办理入库手续，并按照预先确定的存放地点对应入库。

入库手续主要包括：登记入账、设立卡片、建立档案、配件存放。

（1）登记入账。为了能够及时、准确地反映各维修配件的储存动态，仓库在入库时应对每一品种规格或不同级别的配件建立收、发、存明细账。这种明细账一般称为进销存明细账，相当于库存流水账，可以根据此账核查配件的实际库存量。

目前，企业常采用计算机软件管理。

（2）设立卡片。对于第一次入库的新的维修配件应为其设立一种活动的实物标签。该标签应能够反映配件的名称、规格、型号、级别、储备金额和实际数量，一般直接挂在对应的货位上。

配件标签的内容主要包括：配件编号、配件名称、规格型号、存放位置或仓位编号、配件的最低存放量（安全存放量）和最高存放量、配件订购点（产地）等，具体见图 5-4。

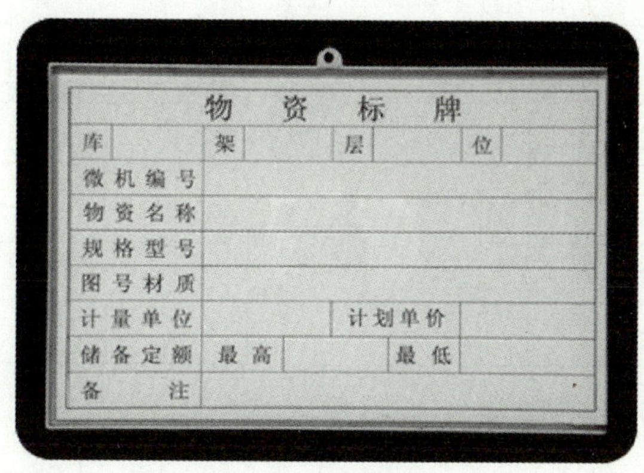

物资标牌

库		架		层		位	
微机编号							
物资名称							
规格型号							
图号材质							
计量单位			计划单价				
储备定额	最高			最低			
备注							

图 5-4　配件标签

（3）建立档案。每一年的出入库有关资料都应存放档案，以便日后的查询与参照。建立档案时应注意尽可能一物一档，统一编号。目前，企业一般使用计算机软件系统进行管理。

（4）配件存放。存放配件时应注意：体积较小的配件应放在硬纸盒里，再将硬纸盒放置在相应标签的货架上，针对汽车上一些特殊的配件应该放置在专门的货架上。例如，前后风窗玻璃及车窗玻璃应存放在玻璃货架上；减振器必须垂直放置，因此货架设计成网格状的插槽，每个减振器一个插槽。

二、维修配件仓库管理

1. 配件的仓位编号

仓位编号即配件的仓库位置号，有的也叫货位号，可通过配件所处仓库位置的空间三维坐标表示。通过仓位编号，可以快速、准确地对所需配件进行定位。

仓位编号可由仓库号（有多个仓库时）、货架号、货架层号、货架列号组成。编号过程中对于货架号、层号、列号的编号方法必须要统一。例如，某企业设置有多个仓库，仓库中货架号统一按照从前到后的顺序，以英文大写字母表示；货架层号按照从上到下的顺序，列号按照从左到右的顺序，以阿拉伯数字表示。图 5-5 显示了某配件仓位编号为 3B0223 在仓库中的位置。

2. 仓库存放配件原则

仓库存放配件应遵循以下七点原则：

（1）根据周转速度确定配件存放位置原则。周转速度快的配件应放在离作业区比较近的位置。这样可以缩短出入库作业路线，提高工作效率。

（2）配件竖直摆放原则。配件（尤其是对于大型细长件）尽可能采用竖直放置，可以提高空间的利用率与出入库的效率，并能保证存储质量。

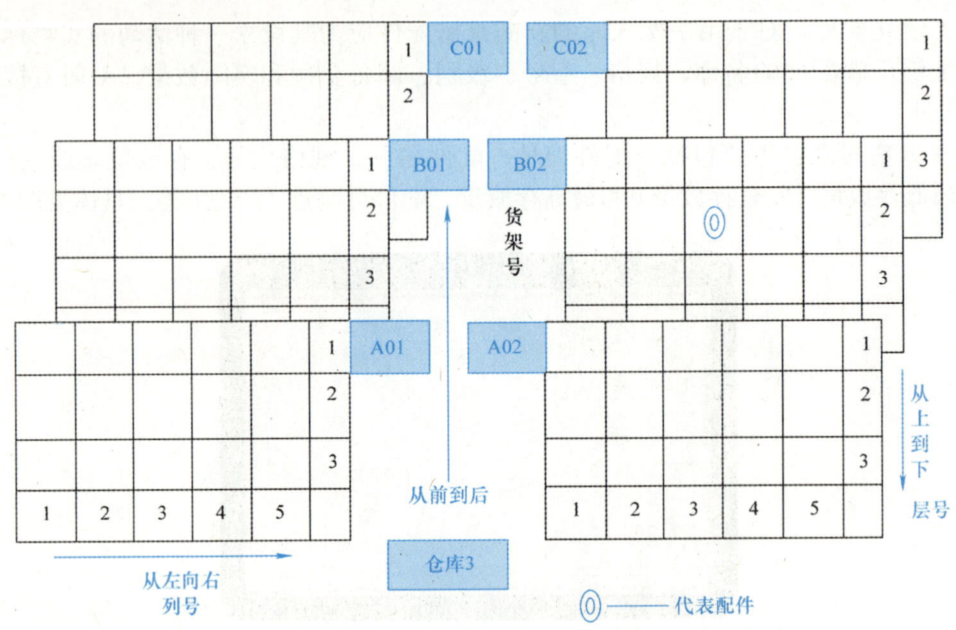

图 5-5 某配件仓位编号为 3B0223 在仓库中的位置示意图

（3）重物下置原则。从出入库作业的安全性和工作效率方面考虑，质量较重或体积较大型的配件应放置在下面，确切地说是不超过腰部的位置（如轮胎、轮辋、蓄电池等）。

（4）一配件号一货位原则。每个货位只能放置一种配件，这是规范存储管理的基本原则，因此要严格执行。

（5）配件放在伸手可及的地方原则。将零配件放在伸手可及的区域，快流件放在最易拿取的位置。这样不仅可以大大提高出入库的作业效率，同时也保证了人员和配件的安全。

（6）可视化的异常配件数量管理原则。如果在库数量超出了标准库存数量，那么超出的部分应该单独放置，并且用明显的标志标明。这样可以及时发现异常配件，避免库存积压，并能够及时发现并改善导致异常的原因。

（7）按配件类型存放原则。配件存放时要充分考虑配件的体积、数量、材质等，并进行简单的分类，将相似配件放置在一起。这样可以优化仓储空间，缩短出入库作业线路，避免配件损坏。

3. 配件的保管与维护原则

配件的保管与维护应遵循以下原则：

（1）根据配件性能安排适当的仓库与货位原则。汽车零配件众多，各配件的材料和制作工艺各具特点，有的怕潮湿、有的怕光照射、有的怕热、有的怕压等，一旦在存储中忽略了这些特性就会影响配件的性能。因此，在配件的保管过程中需要采取防尘、防潮、防照射等措施，为仓储提供适宜的环境，并且根据配件对储存条件的要求，分别安排到适当的仓库和货位上。具体原则如下：

1）对于大多数金属配件，一般集中放在通风、向阳的位置，并放置于底部（地面加垫），这样可以防止金属配件受腐蚀或受潮生锈。

2）对于忌高温的配件，应放置在阴凉、无阳光照射的位置。

3）对于防尘、防潮、防高温要求较高的配件，可以考虑设置专柜储存。

4）对于精密的、高档的货已经开箱的配件，如仪器仪表、轴承等，在条件允许的情况下，可用专用储存柜或密封室储存。

（2）留意储存期限、严格执行先进先出的原则。零配件在生产出厂时，一般都规定了能够保证产品质量的储存日期，如果超出该期限就会影响其使用性能与寿命。例如，橡胶制品一般在一年内能够保证其使用性能符合标准要求；蓄电池在两年内应具有干电荷电的性能，2 ~ 3 年内具有一般电池性能。因此仓储管理过程中，应注意各配件的储存期限；在出库时严格执行先进先出的原则，尽量缩短零配件的在库时间，使零配件尽快在储存期限内销售或使用完。

（3）严格执行零配件维护制度原则。严格按照各种零配件的维护制度对库存零配件进行必要的清理与维护。

（4）加强仓库内温度、湿度的控制原则。根据不同季节、不同自然条件，采用通风、除湿、降温等措施来加强对仓库内温度、湿度的控制。

（5）特殊零配件的存放原则。对于某些特殊零配件的存放应该按照一定的要求或条件来进行。

1）不能沾油配件的存放。对于不能沾油的配件，存放时应尽可能远离油桶；尽量不破坏零配件的包装；存取时应保证双手的清洁、干燥。

一般不能沾油的配件有：轮胎、水管接头、橡胶带等橡胶制品；干式纸质空气滤清器滤芯；发电机、起动机的电刷和转子；干式离合器的各个摩擦片、制动器的制动蹄或制动盘、摩擦片；散热器等。

2）蓄电池的存放。蓄电池储存时，应防止重叠过多和碰撞；应避免电极受损；注意加注塞的密封等。蓄电池极板应储存在干燥的环境中，储存期一般规定为六个月。

3）减振器的存放。减振器若过长时间水平放置，会使其性能变差甚至失效，因此应该竖直放置。

三、维修配件的管理

1. 维修配件的出库管理

汽车售后服务企业维修配件的出库主要分为：客户付费维修领料、厂家保修索赔修领料、保险理赔维修领料三种情况。一般维修配件的出库流程如图 5-6 所示。表 5-4 为领料申请表，表 5-5 为零配件出库单。

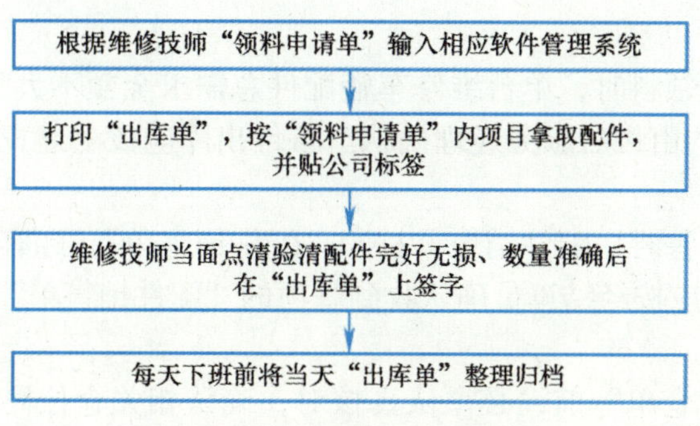

图 5-6　维修配件出库流程

表 5-4 领料申请表

领料申请单						
申请部门：					日期：	
序　号	物品名称	数　量	单　位	单　价	合计金额	备　注
1						
2						
3						
4						
5						
合计金额（大写）：　万　仟　百　拾　元　角　分（　　）						
审核意见： 主管签字：						
审批人：			发料人：		领料人：	

表 5-5 零配件出库单

编号： 年　月　日							
车　型	图　号	配件名称	单　位	数　量	单　价	金　额	备　注
合　计							
开票员		库管员		财务		用户	
注：本单一式四联，依次分别交开票员、库管员、财务室、用户							

办理维修配件出库手续时应注意的问题：

（1）客户付费维修领料时，备件出库应按服务顾问（Service Advisor，S/A）签字确认的内容打印“配件出仓单”。

（2）厂家索赔维修领料时，备件出库应按索赔员签字确认的内容打印“配件出仓单”。使用厂家无偿提供的用于招回维修的配件时，应在该配件专项进销存账目中办理出库，不得与仓库账混淆。

（3）保险理赔维修领料时，单台维修车辆配件总需求金额不大于1000元的，由前台主管确认，超出1000元的由售后服务经理确认。备件出库应按上述责任人签字确认的内容打印“配件出仓单”。

（4）在备件对外销售时，配件销售员打印“配件销售单”，顾客凭“配件销售单”到前台结算付款。备件出库应按经结算员确认收到款项的“配件销售单”打印“配件出仓单”进行发料。

（5）打印“配件出仓单”前，必须认真核对，确认相关仓位码、配件编码、名称、适用车型等信息与需求配件完全一致，杜绝出库配件名实不符。

（6）对于应该交旧领新的配件，仓库管理员在确认旧件已回收后，根据“配件出仓单”上的内容进行发货。

（7）发货时必须先通过系统打印“配件出仓单”，再由发货人和领料人共同验货、清点，确认名实相符、数量正确、质量合格后在“配件出仓单”上签字确认。不允许先发出配件，事后补办领料手续。

（8）出库物资必须准确计量。包装量大于单次使用需求量的材料，应按实际需求量拆零出库，并做到拆零计量准确、成本核算到单台维修车辆，不得按包装量整批出库。

（9）仓库管理员发货时，应根据入库日期按照先进先出原则进行操作。

（10）配件出仓后因误领、误发等原因需要退回仓库，经验收确认没有损坏，可办理领用退库，并应及时录入系统，打印“退库单”，由领料退库人收货签字确认后，单证交结算员做结算相关处理。

（11）仓管员每收发一项配件都必须及时准确录入售后服务系统，及时在进销存卡上准确记录收发时间和数量；进销存卡必须对应仓位、配件名称、配件编码，不可乱放乱记。

2. 配件借用及调拨业务

配件借用及调拨业务的具体实施细则如下：

（1）本单位维修车间因外出救援或判断疑难故障而借用配件时，借件人应填写“配件借用申请表”(表 5-6)，经服务经理签字确认后方可借用，并确保当日、整洁、完好地归还。

表 5-6　配件借用申请表

年　　月　　日

施工单号		车型		车牌号	
车主		联系电话		用件地点	

配件借用原因：

序号	配件编码	配件名称	单位	数量	成本价	备注
1						
2						
3						
4						

车间主管意见：

日期：

售后服务经理审批：

日期：

借出时间		借出状态		归还时间		归还状态	
库管员：		库管员：		库管员：		库管员：	
借件人：		借件人：		借件人：		借件人：	

填写说明：

1. 本表用于车间向配件仓库借用配件的审批和记录。

2. 车辆维修中出现因技术手段不足，经车间主管确认必须通过借用配件做故障判断，或外出救援必须携带配件现场排除故障时，使用本表。

3. 本表由借件人填写，必须如实填写相关信息，库管员确认配件名称、编码的正确性，经车间主管签署意见后，报服务经理审批。

4. 借出、归还配件时，借件人和库管员必须当面确认配件完好状态和时间，并在表中填写、签名。

5. 本表由库管员保管，如有丢失，由库管员承担全部责任。

（2）仓管员应主动跟进，及时收回借出的配件，备件主管必须在每天下班前，检查所借出的配件是否收回。

（3）借件当天配件丢失的，由借件人全额赔偿。借件次日以后发现丢失的由备件主管和仓管员共同全额赔偿。

（4）集团公司内部各不同品牌经营单位之间调拨备件时，需要填写“配件内部调拨申请单”（表5-7），经售后服务部审批后，以该备件的销售价（最终用户价）的九折进行调拨；集团内同品牌经营单位间调拨配件，由双方直接联系，不必通过售后服务部审批。

表 5-7 配件内部调拨申请单

编号： 年 月 第 次

调入单位			调出单位			
施工单号		车型		车架号		
车主		车牌		联系电话		
配件资料						
序 号	配件编码	配件名称	数 量	单 位	调拨单价	金 额
1						
2						
3						
4						
合计金额：						
申请人		配件主管		服务经理		
日 期		日 期		日 期		

调出单位意见：

配件主管：

日 期：

售后服务部审批：

签 名：

日 期：

填写说明：

1．本单是由经营单位在集团公司内部调拨配件时填写的配件内部调拨审批单据。

2．本单必须填写清楚调入、调出单位名称，同时写清楚需要本配件的维修车辆工单号、车牌号码、车型、车架号码。

3．本单必须有本单位财务主管签名。

4．调出单位意见由调出方配件主管查询库存情况后填写是否同意调拨并签字确认。

（5）仓库处理集团内部调拨备件，必须录入售后服务系统，调出单位按出库录入，调入单位按入库录入。必须在办理调拨出库的一周内将出库单上交给财务会计，由会计与对方单位核对无误后办理开发票手续。

（6）借入配件，仓库必须及时以借用入库方式录入系统，归还该配件时以借用退库方式在系统中做出库处理，打印的“退库单”必须应于当日上缴本单位财务，并确保与借用入库时上缴的借件凭证对应。

（7）借入、借出配件，必须严格履行报批手续，规范装订、妥善保管凭证，设置备查账及时有效跟进督促归还，否则，由此造成的损失，由备件主管、仓管员共同全额赔偿。

四、维修配件的盘点

1. 盘点的定义、内容、目的

（1）盘点的定义。汽车配件的盘点是指仓库定期对库存配件的数量进行核对，清点实际库存数，核对账目。

（2）盘点的内容。盘点的内容主要是：配件数量、质量，储存期限，储存条件，库存安全状况，核对账务等，并应做好相应的盘点记录。

（3）盘点的目的。盘点的目的主要指的是：

1）及时掌握库存配件的变化情况，避免配件的短缺丢失或超储积压。

2）查明实际库存量与账目、标签卡上的数字是否相符合。

3）及时掌握库存的数量、品质，为采购计划的制订、管理及相关工作人员的考核提供充分依据。

4）及时发现配件存放位置与数目存在的潜在错误，以便进行更正。

5）及时发现在库配件是否到期限，是否存在变质、失效、破损和滞销等情况。

2. 盘点作业步骤

盘点作业步骤如图 5-7 所示。

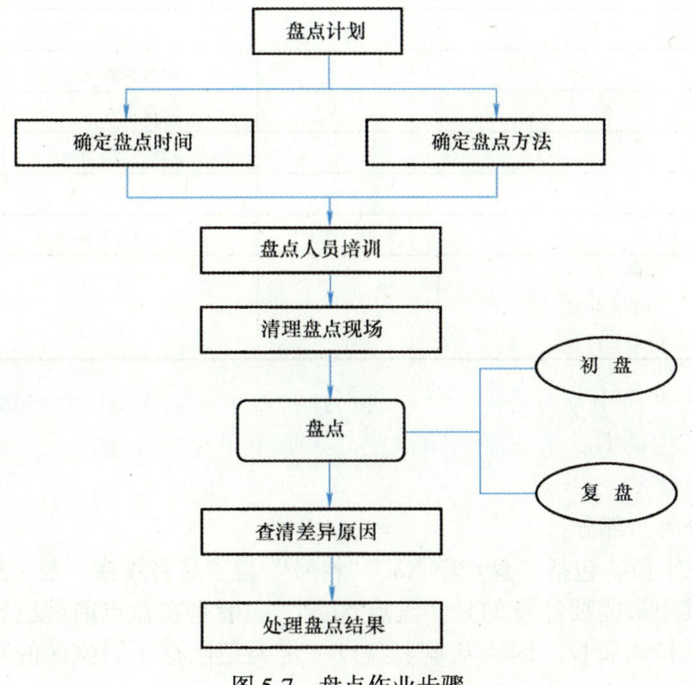

图 5-7　盘点作业步骤

3. 盘点的方法

盘点的方法主要有动态盘点、定期盘点、重点盘点和循环盘点四种。其盘点方法操作规则见表 5-8。

表 5-8　各种盘点方法操作规则

序　号	方法名称	操作规程	优　点
1	动态盘点法	配件出库、入库时进行盘点，及时与对应的账目、标签卡记录核对	盘点工作量小、及时掌握准确的库存量，及时发现错误
2	定期盘点法	定期（周、月、季、年末）全面清点所有存货	便于及时处理超储呆滞存货
3	重点盘点法	对周转率高、易损耗、价值高的配件重点盘库	盘点工作量较小，可控制重点配件的动态，有效防止差错
4	循环盘点法	按入库的先后或所管物资的轻重缓急做出盘点计划，每天盘点一定类型的配件	节省工作量，全部盘点完一轮后，再开始下一轮

4. 盘点单

盘点单又称盘点卡，是定期或不定期地对仓库各个库位进行清点，并记录账面数量与实际清点数量差异的单据。盘点单的一般格式见表 5-9。

表 5-9　盘点单的一般格式

物料盘点单			No.	
品类代号			简称	
料　号				
品　名				
规　格				
计　量			应有预盘量	
预盘	日　期		盘点人	
	实盘量		盘盈（亏）量	
复盘	日　期		盘点人	
	实盘量		盘盈（亏）量	
存料状态	□良　品 G □不良品 B □呆　料 D		备注	

盘点单绝大多数设计为三联式，第一联仍挂料架上（结算完成后再取消），第二联由复盘者撕下交予盘点主持人，第三联由预盘主办人撕下呈交盘点主持人，以明责任，兼作回馈信息。此为最佳顺序。

盘点单一般分为三部分：

第一部分是总字段，包括“盘点单 No.”“料号”与“品名规格”及“单位”加上“应有盘点量”单位。其中最需要注意的是“盘点 No.”，一般是在盘点前就已印妥，而且顺序联号控制，由盘点主持人管控。因为基本上盘点一定要把散存于储位区的料品，一一回笼到同一储位（区），因此一个料项一张盘点单是合理的。

第二部分“预盘”有关字段，由预盘主办人填入“预盘实际量”，以及“盘盈”或“盘亏”量，加上预盘者的签名（含日期时间）。

第三部分则是“复盘”有关字段，由复盘者填入，包括“复盘实际量”及“盘盈”或“盘亏”量，同时签名。

5. 盘点结果处理

为了通过盘点使账面数与实物数保持一致，需要对盘点盈亏和报废品一并进行调整。除了数量上的盈亏，有些商品还将会通过盘点进行价格的调整，这些差异的处理，可以经主管审核后，用更正表（表 5-10）进行更正。

表 5-10　货品盘点数量盈亏、价格增减更正表

货品编号	货品名称	单位	账面资料			盘点实存			数量盈亏		价格增减		差异因素	负责人	备注
			数量	单价	金额	数量	单价	金额	数量	金额	单价	金额			

回答下列问题

1. 仓库配件入库原则有哪些？并举例说明。

例如：按周转速度确定存放位置：机油滤清器、空气滤清器应放置在离车间比较近的位置。

（1）______

（2）______

（3）______

（4）______

（5）______

（6）______

2. 汽车售后服务企业配件入库时应做哪些验收工作？

______

______

______

______

3. 仓库盘点有什么意义？其主要内容有哪些？

______

______

______

______

学习完本任务后，完成下列任务

在老师的带领下，来到汽车售后服务企业的配件库房（或实训模拟库房），模拟演练配件的入库、仓库管理、出库、盘点等工作流程，并填写“盘点单”（表 5-11）。

表 5-11　盘点单

<table>
<tr><td colspan="3">物料盘点单</td><td colspan="2">No.</td><td></td></tr>
<tr><td colspan="2">品类代号</td><td colspan="2"></td><td>简称</td><td></td></tr>
<tr><td colspan="2">料　号</td><td colspan="4"></td></tr>
<tr><td colspan="2">品　名</td><td colspan="4"></td></tr>
<tr><td colspan="2">规　格</td><td colspan="4"></td></tr>
<tr><td colspan="2">计　量</td><td colspan="2"></td><td>应有预盘量</td><td></td></tr>
<tr><td rowspan="2">预
盘</td><td>日　期</td><td colspan="2"></td><td>盘点人</td><td></td></tr>
<tr><td>实盘量</td><td colspan="2"></td><td>盘盈（亏）量</td><td></td></tr>
<tr><td rowspan="2">复
盘</td><td>日　期</td><td colspan="2"></td><td>盘点人</td><td></td></tr>
<tr><td>实盘量</td><td colspan="2"></td><td>盘盈（亏）量</td><td></td></tr>
<tr><td colspan="2">存料
状态</td><td>□良　品G
□不良品B
□呆　料D</td><td>备
注</td><td colspan="2"></td></tr>
</table>

学习活动形式——场景模拟与角色扮演

场景一：现有一批空气滤清器和液压筒式减振器配件到货，需要由库管员 A 进行入库。

场景二：目前库房 1 管理不够规范，库房内的货架未编号、零配件未进行归类存放，需要由库管员 B 对该仓库进行整理规范。

场景三：请库管员 C 对整理后的库房 1 的配件进行盘点，盘点过程中填写“盘点单”（表 5-11），并附上盘点结果分析报告。

任务二　自测表

在教师签字前，你应在教师的帮助下，找出所有的错误，进行改正	
	回答
认识配件仓储管理知识	
知道配件入库、仓储、出库、盘点管理内容	
掌握维修配件仓储管理流程	

教师签字 ________________ 日期 ________________

学生签字 ________________ 日期 ________________

项目五 学生学习目标检查表

你是否在教师的帮助下成功地完成单元学习目标所设计的学习活动	
	肯定回答
专业能力	
认识准时化采购（JIT）的理念及意义	
知道准时化采购的原理和特点	
能够计算维修配件的采购量	
知道配件仓储管理的工作流程	
认识配件仓储管理知识	
知道配件入库、仓储、出库、盘点管理内容	
掌握维修配件仓储管理流程	
关键能力	
你是否根据已有的学习步骤、标准完成资料的收集、分析、组织	
你是否通过标准，有效和正确地进行交流	
你是否按计划有组织的活动？是否沿着学习目标努力	
你是否尽量利用学习资源完成学习目标	

完成情况

所有上述表格必须是肯定回答。如果不是，应咨询教师是否需要增加学习活动，以达到要求的技能。

教师签字 ______________________

学生签字 ______________________

完成时间和日期 ____________________

项目六 汽车保修与保险业务管理

项目学习目标

通过本项目的学习，认识汽车售后服务企业保修与保险业务管理的相关知识，获得按照业务标准流程进行汽车售后服务的能力。其具体表现为：

（1）能够进行汽车保修业务流程管理。

（2）能够进行机动车保险业务流程管理。

项目学习资源

有关汽车售后服务流程管理的资料，可查询文字或电子文档如下：

（1）各品牌汽车厂商的网页。

（2）汽车售后服务企业的保修、保险业务系统软件平台。

（3）各品牌汽车厂商制定的保修条例、规定。

（4）汽车保险理赔相关书籍。

可提供学习的环境和使用的设备

（1）安全的工作环境和工作场所。

（2）维修接待、保修员、保险理赔员前台工作环境或模拟环境。

（3）故障车辆或模拟故障车辆及配件。

（4）接待保修车辆、进行保修流程处理和结算的必要技术文件。

（5）接待保险理赔车辆、进行保险理赔流程处理和结算的必要技术文件。

（6）库房及货架。

项目学习任务

任务一　汽车保修业务流程管理

任务二　汽车保险业务流程管理

学生学习目标检查表

任务一 汽车保修业务流程管理

学习目的

本任务可以帮助你认识汽车保修政策，正确地实施汽车保修业务流程。

（1）认识汽车保修政策。

（2）正确实施汽车保修业务流程。

学习信息

汽车售后服务企业涉及的维修业务分为三类：自费维修、保修和保险理赔维修。

保修工作是制造厂家对自己产品的一种负责任的态度，同时也是经销商售后服务管理中非常重要的一项工作。该工作处理的好坏直接影响到客户的满意度，最终会影响企业的效益。

美国的汽车市场某种程度上拼的就是售后服务，保修业务就是其中的重要内容之一。日本车能在美国市场站住脚，其保修期延长以及期内维护费用全免确实立了一大功。美国人平均换车周期约为 3 年，雷克萨斯等豪华品牌的汽车保修期是 4 ~ 5 年甚至更长，而且这中间的所有维修和维护费用不用消费者掏腰包，消费者除了掏油钱就几乎不用再掏什么钱了。韩国车为了打进美国市场，现代的某系列越野车甚至终身免维护和维修费。

据统计我国 2015 年的汽车投诉中，涉及售后服务的投诉超过了 90%，只有不到 10% 的车主仅仅是针对质量问题进行投诉的。因此，厂商的保修期长短及保修服务体系的质量在消费者的购车决策中占据越来越重要的地位了。

由此可以看出，对于售后服务企业来说，做好保修索赔工作，不仅可以避免产品质量缺陷给用户带来的不便；同时出色的保修索赔工作也是树立品牌形象，为营销和售后服务赢得市场的重要手段。

一、汽车保修政策

1. 汽车保修的含义

保修是指客户向经销商购买整车或配件的同时得到的一种服务。它是在无任何违反保修条款规定的情况下，产品因设计、制造、装配、材料质量原因造成的各类故障及性能不满足使用要求时，生产厂家无偿为顾客提供的更换、修理、维护等技术服务工作。

保修是由汽车制造厂承担相关费用，特约销售服务站完成作业的。汽车售后服务企业所涉及的保修业务主要包括：售后保修和售前保修。其中售后保修又包括了：整车保修、配件保修、首次免费维护等业务。售后保修是汽车售后服务企业的主要保修业务，一般如无特别说明的话，保修业务指的就是售后保修。

2. 汽车保修的前提条件

汽车保修的前提条件如下：

（1）日期和里程数必须是在规定的保修期内。

（2）用户必须遵守《保修维护手册》的规定，正确驾驶、维护、存放车辆。

（3）所有保修服务工作必须由汽车制造厂设在各地的特约销售服务站实施。

（4）必须是由特约销售服务站售出并安装或原车装在车辆上的配件，方可申请保修。

（5）未擅自更改车辆设计的车辆。

3. 汽车保修期限

（1）整车保修期限。不同汽车公司规定的保修期限是不一样的，一般都在新车销售时向顾客进行了保修期限的说明。例如，某汽车的保修期限是两年或60000km。

1）整车保修期从车辆开具购车发票之日起的24个月内，或车辆行驶累计里程60000km内，两条件以先达到的为准。超出以上两范围之一者，该车就超出保修期。

2）整车保修期内，特殊零部件依照特殊零部件保修期的规定执行。

（2）配件保修期限。在特约销售服务站更换的某些配件也应享受保修期限。

1）在整车保修索赔期内，由特约销售服务站免费更换安装的配件，其保修索赔期为整车保修索赔期的剩余部分，即随整车保修索赔期结束而结束。

2）由用户付费并由特约销售服务站更换和安装的配件，从车辆修竣、客户验收合格日和公里数算起，其保修索赔期为12个月或20000km（两条件以先达到为准）。在此期间，因为保修而免费更换的同一配件的保修索赔期为其付费配件保修索赔期的剩余部分，即随付费配件的保修索赔期结束而结束。

（3）首次免费维护期限。首次免费维护期是从车辆开具购车发票之日起的规定时间或规定里程内，必须到服务店进行免费的首次走合维护。例如，奇瑞汽车公司规定首次免费维护从用户购置车辆在使用5000km/6个月时，按照使用说明书的规定进行首次维护。

以上保修期限仅供参考。在实际工作中，不同品牌或同一品牌不同系列型号的整车、不同的类型零部件，保修期限起止时间的计算方法大致相同，但是保修时期或里程可能会有所调整，具体应参照相应的保修手册。

以比亚迪F3、F3—R车型为例：整车保修期为24个月或60000km；配件保修期限易损件（如刮水器、制动摩擦片、火花塞等）为3个月或5000km，天线、蓄电池、喇叭等为6个月或10000km，气缸垫、进排气管垫、发动机罩总成等可享受12个月或60000km内的保修服务；首保期限为3个月内或累计行驶里程（3000±500）km。又如北京现代汽车：乘用车保修期自购车之日起24个月或60000km，以先到者为准。动力总成保修：各车型发动机、变速器总成（不含附件），不含营运车，保修期为5年或100000km，以先到达为准。制动盘、制动片、轮胎、刮水片、灯泡、喷漆嘴、火花塞等消耗品保修期为3个月或5000km，以先到达为准。

4. 4S店可向厂家申请汽车保修费用的范围

（1）在保修索赔期内，车辆正常使用情况下整车或配件发生质量故障，修复这些故障所花费的材料费、工时费属于可申请保修费用的范围。

（2）在保修索赔期内，车辆发生故障无法行驶，需要特约销售服务站外出抢修，特约销售服务站在抢修中的交通、住宿等费用属于可申请保修费用的范围。

（3）汽车制造厂为每一辆车提供在汽车特约销售服务站进行有限次数的免费维护，免费维护的费用属于可申请保修费用的范围。

5. 汽车非保修范围

（1）在经销商处购买汽车时，每一辆汽车都随车配有一本保修维护手册。该保修维护手册须盖有售出该车的特许经销商的印章，以及购车客户签名后方可生效。不具有该保修维护手册，保修维护手册上印章不全或发现擅自涂改保修维护手册情况的，汽车特约销售服务站有权拒绝客户的保修申请。

（2）车辆正常例行维护和车辆正常使用中的损耗件不属于保修范围，如：润滑油和各类滤清器、火花塞、制动片、离合器片、清洁剂和上光剂、灯泡、轮胎、刮水器等。

（3）因不正常维护造成的车辆故障不属于保修范围。用户应该根据《保修维护手册》上规定的维护规范，按时到特约销售服务站对车辆进行维护。如果车辆因为缺少维护或未按规定的维护项目进行维护而造成的车辆故障，不属于保修范围。

（4）车辆不是在汽车制造厂授权服务站维修，或者车辆安装了未经汽车制造厂售后服务部门许可的配件不属于保修索赔范围。

（5）用户私自拆卸更换里程表，或更改里程表读数的车辆（不包括汽车特约销售服务站对车辆故障诊断维修的正常操作）不属于保修索赔范围。

（6）因为环境、自然灾害、意外事件造成的车辆故障不属于保修索赔范围，如酸雨、树胶、沥青、地震、冰雹、水灾、火灾、车祸等。

（7）因为用户使用不当，滥用车辆（如用做赛车）或未经汽车制造厂售后服务部门许可改装车辆而引起的车辆故障不属于保修索赔范围。

（8）间接损失不属于保修索赔范围。因车辆故障引起的经济、时间损失（如租赁其他车辆或在外过夜等）不属于保修索赔范围。

（9）由于特约销售服务站操作不当，造成的损坏不在保修索赔范围。

（10）在保修期内，用户车辆出现故障后未经汽车制造厂（或特约销售服务站）同意继续使用而造成进一步损坏，汽车制造厂只对原有故障损失（须证实属产品质量问题）负责，其余损失责任由用户承担。

（11）车辆发生严重事故时，用户应保护现场，并应保管好损坏配件，但不能自行拆卸故障车。如未保护现场或因丢失损坏配件以致无法判明事故原因，制造厂不承担保修费用。

6. 其他保修索赔事宜

（1）售前的保修索赔。通过汽车制造厂检验的车辆，还要经过第三方物流、特许经销商、最终用户的接车检查，在这之间可能会检查出一些厂方检验遗漏的质量问题，这些质量缺陷的保修属于售前索赔。

1）在售前的交接检验中，如发现新车存在制造质量问题，应记录在“新车交接单”上，经交接双方签字确认。其中发生的维修费用，由经销商提交售前保修索赔申请，经汽车制造厂索赔管理部审定同意后可以保修。

2）若检验中发现新车存在非制造质量问题，如人为损坏、碰撞、异物污染、酸碱侵蚀、附件遗失等，如属物流商责任，由经销商负责修复，维修费用由物流商当场支付，维修费用按索赔标准结算。交接双方如存在分歧，由当地区域销售经理和区域服务经理现场核定。如区域销售经理和区域服务经理无法及时到达现场，在“新车交接单”上记录下问题（必要时拍摄照片），并双方签字确认，事后由经销商提交给索赔管理部审定。

3）检验中，发现新车存有不明原因的问题，在“新车交接单”上记录下问题（必要时拍摄照片）并经双方签字确认，事后由经销商提交给索赔管理部审定。

（2）保修索赔期满后出现的问题。对于超过保修索赔期的车辆，原则上不予保修索赔。如确属耐用件存在质量问题，则由汽车制造厂技术服务代表和汽车特约销售服务站共同对故障原因进行鉴定，在征求汽车制造厂索赔管理部同意后可以按保修处理。

（3）更换仪表的保修业务。需要特别说明的是，因仪表有质量问题而更换仪表总成的，汽车特约销售服务站应在用户《保修手册》上注明旧仪表上的里程数及更换日期。

二、汽车“三包”政策

2012年12月29日国家质量监督检验检疫总局令第150号公布，自2013年10月1日起施行《家用汽车产品修理、更换、退货责任规定》，“三包”即指家用汽车产品的修理、更换、退货。

汽车“三包”规定的深层次意义并不是让消费者高枕无忧，而是在于健全产品责任的法律制度。这一规定明确了汽车行业生产商、销售商、维修商与消费者之间的权利与义务，制度化、规范化汽车产品的权责关系。以此为依据，质量问题举证、鉴定机构选择以及索赔流程等一系列在现行制度下无法彻底解决的难题将迎刃而解。

1. 生产者的义务

1）生产者应当严格执行出厂检验制度；未经检验合格的家用汽车产品，不得出厂销售。

2）生产者应当向国家质检总局备案生产者基本信息、车型信息、约定的销售和修理网点资料、产品使用说明书、三包凭证、维修维护手册、三包责任争议处理和退换车信息等家用汽车产品三包有关信息，并在信息发生变化时及时更新备案。

3）家用汽车产品应当具有中文的产品合格证或相关证明以及产品使用说明书、三包凭证、维修维护手册等随车文件。

产品使用说明书应当符合消费品使用说明等国家标准规定的要求。家用汽车产品所具有的使用性能、安全性能在相关标准中没有规定的，其性能指标、工作条件、工作环境等要求应当在产品使用说明书中明示。

三包凭证应当包括以下内容：产品品牌、型号、车辆类型规格、车辆识别代号（VIN）、生产日期；生产者名称、地址、邮政编码、客服电话；销售者名称、地址、邮政编码、电话等销售网点资料、销售日期；修理者名称、地址、邮政编码、电话等修理网点资料或者相关查询方式；家用汽车产品三包条款、保修期和三包有效期以及按照规定要求应当明示的其他内容。

维修维护手册应当格式规范、内容实用。

随车提供工具、备件等物品的，应附有随车物品清单。

2. 销售者义务

（1）销售者应当建立并执行进货检查验收制度，验明家用汽车产品合格证等相关证明和其他标识。

（2）销售者销售家用汽车产品，应当符合下列要求：

1）向消费者交付合格的家用汽车产品以及发票。

2）按照随车物品清单等随车文件向消费者交付随车工具、备件等物品。

3）当面查验家用汽车产品的外观、内饰等现场可查验的质量状况。

4）明示并交付产品使用说明书、三包凭证、维修维护手册等随车文件。

5）明示家用汽车产品三包条款、保修期和三包有效期。

6）明示由生产者约定的修理者名称、地址和联系电话等修理网点资料，但不得限制消费者在上述修理网点中自主选择修理者。

7）在三包凭证上填写有关销售信息。

8）提醒消费者阅读安全注意事项、按产品使用说明书的要求进行使用和维护。

对于进口家用汽车产品，销售者还应当明示并交付海关出具的货物进口证明和出入境检验检疫机构出具的进口机动车辆检验证明等资料。

3. 修理者义务

1）修理者应当建立并执行修理记录存档制度。书面修理记录应当一式两份，一份存档，一份提供给消费者。

修理记录内容应当包括送修时间、行驶里程、送修问题、检查结果、修理项目、更换的零部件名称和编号、材料费、工时和工时费、拖运费、提供备用车的信息或者交通费用补偿金额、交车时间、修理者和消费者签名或盖章等。

修理记录应当便于消费者查阅或复制。

2）修理者应当保持修理所需要的零部件的合理储备，确保修理工作的正常进行，避免因缺少零部件而延误修理时间。

3）用于家用汽车产品修理的零部件应当是生产者提供或者认可的合格零部件，且其质量不低于家用汽车产品生产装配线上的产品。

4）在家用汽车产品保修期和三包有效期内，家用汽车产品出现产品质量问题或严重安全性能故障而不能安全行驶或者无法行驶的，应当提供电话咨询修理服务；电话咨询服务无法解决的，应当开展现场修理服务，并承担合理的车辆拖运费。

4. 三包责任

（1）家用汽车产品保修期限不低于 3 年或者行驶里程 60000km，以先到者为准；家用汽车产品三包有效期限不低于 2 年或者行驶里程 50000km，以先到者为准。家用汽车产品保修期和三包有效期自销售者开具购车发票之日起计算。

（2）在家用汽车产品保修期内，家用汽车产品出现产品质量问题，消费者凭三包凭证由修理者免费修理（包括工时费和材料费）。

家用汽车产品自销售者开具购车发票之日起 60 日内或者行驶里程 3000km 之内（以先到者为准），发动机、变速器的主要零件出现产品质量问题的，消费者可以选择免费更换发动机、变速器。发动机、变速器的主要零件的种类范围由生产者明示在三包凭证上。

家用汽车产品的易损耗零部件在其质量保证期内出现产品质量问题的，消费者可以选择免费更换易损耗零部件。易损耗零部件的种类范围及其质量保证期由生产者明示在三包凭证上。生产者明示的易损耗零部件的种类范围应当符合国家相关标准或规定，具体要求由国家质检总局另行规定。

（3）在家用汽车产品保修期内，因产品质量问题每次修理时间（包括等待修理备用件时间）超过5日的，应当为消费者提供备用车，或者给予合理的交通费用补偿。

修理时间自消费者与修理者确定修理之时起，至完成修理之时止。一次修理占用时间不足24h的，以1日计。

（4）在家用汽车产品三包有效期内，符合本规定更换、退货条件的，消费者凭三包凭证、购车发票等由销售者更换、退货。

家用汽车产品出现转向系统失效、制动系统失效、车身开裂或燃油泄漏，消费者选择更换家用汽车产品或退货的，销售者应当负责免费更换或退货。

在家用汽车产品三包有效期内，发生下列情况之一，消费者选择更换或退货的，销售者应当负责更换或退货：

1）因严重安全性能故障累计进行了2次修理，严重安全性能故障仍未排除或者又出现新的严重安全性能故障的。

2）发动机、变速器累计更换2次后，或者发动机、变速器的同一主要零件因其质量问题，累计更换2次后，仍不能正常使用的。发动机、变速器与其主要零件更换次数不重复计算。

3）转向系统、制动系统、悬架系统、前/后桥、车身的同一主要零件因其质量问题，累计更换2次后，仍不能正常使用的。

转向系统、制动系统、悬架系统、前/后桥、车身的主要零件由生产者明示在三包凭证上，其种类范围应当符合国家相关标准或规定，具体要求由国家质检总局另行规定。

（5）在家用汽车产品三包有效期内，因产品质量问题修理时间累计超过35日的，或者因同一产品质量问题累计修理超过5次的，消费者可以凭三包凭证、购车发票，由销售者负责更换。

下列情形所占用的时间不计入前款规定的修理时间：

1）需要根据车辆识别代号（VIN）等定制的防盗系统、全车线束等特殊零部件的运输时间；特殊零部件的种类范围由生产者明示在三包凭证上。

2）外出救援路途所占用的时间。

（6）在家用汽车产品三包有效期内，符合更换条件的，销售者应当及时向消费者更换新的合格的同品牌同型号家用汽车产品；无同品牌同型号家用汽车产品更换的，销售者应当及时向消费者更换不低于原车配置的家用汽车产品。

（7）在家用汽车产品三包有效期内，符合更换条件，销售者无同品牌同型号家用汽车产品，也无不低于原车配置的家用汽车产品向消费者更换的，消费者可以选择退货，销售者应当负责为消费者退货。

（8）在家用汽车产品三包有效期内，符合更换条件的，销售者应当自消费者要求换货之日起15个工作日内向消费者出具更换家用汽车产品证明。

在家用汽车产品三包有效期内，符合退货条件的，销售者应当自消费者要求退货之日起15个工作日内向消费者出具退车证明，并负责为消费者按发票价格一次性退清货款。

家用汽车产品更换或退货的，应当按照有关法律法规规定办理车辆登记等相关手续。

（9）按照本规定更换或者退货的，消费者应当支付因使用家用汽车产品所产生的合理使用补偿，销售者依照本规定应当免费更换、退货的除外。

合理使用补偿费用的计算公式为：[（车价款（元）× 行驶里程（km））/1000]× n。使用补偿系数 n 由生产者根据家用汽车产品使用时间、使用状况等因素在0.5% ~ 0.8%之间确定，并在三包凭证中明示。

家用汽车产品更换或者退货的，发生的税费按照国家有关规定执行。

（10）在家用汽车产品三包有效期内，消费者书面要求更换、退货的，销售者应当自收到消费者书面要求更换、退货之日起10个工作日内，做出书面答复。逾期未答复或者未按本规定负责更换、退货的，视为故意拖延或者无正当理由拒绝。

（11）消费者遗失家用汽车产品三包凭证的，销售者、生产者应当在接到消费者申请后10个工作日内予以补办。消费者向销售者、生产者申请补办三包凭证后，可以依照本规定继续享有相应权利。

按照本规定更换家用汽车产品后，销售者、生产者应当向消费者提供新的三包凭证，家用汽车产品保修期和三包有效期自更换之日起重新计算。

在家用汽车产品保修期和三包有效期内发生家用汽车产品所有权转移的，三包凭证应当随车转移，三包责任不因汽车所有权转移而改变。

（12）经营者破产、合并、分立、变更的，其三包责任按照有关法律法规规定执行。

5. 三包责任免除

（1）易损耗零部件超出生产者明示的质量保证期出现产品质量问题的，经营者可以不承担本规定所规定的家用汽车产品三包责任。

（2）在家用汽车产品包修期和三包有效期内，存在下列情形之一的，经营者对所涉及产品质量问题，可以不承担本规定所规定的三包责任：

1）消费者所购家用汽车产品已被书面告知存在瑕疵的。

2）家用汽车产品用于出租或者其他营运目的的。

3）使用说明书中明示不得改装、调整、拆卸，但消费者自行改装、调整、拆卸而造成损坏的。

4）发生产品质量问题，消费者自行处置不当而造成损坏的。

5）因消费者未按照使用说明书要求正确使用、维护、修理产品，而造成损坏的。

6）因不可抗力造成损坏的。

（3）在家用汽车产品包修期和三包有效期内，无有效发票和三包凭证的，经营者可以不承担本规定所规定的三包责任。

三、汽车保修业务的工作流程

不同的汽车售后服务企业，保修政策及保修的工作流程会有所不同，但总体的工作流程差异并不大，具体如图6-1所示。

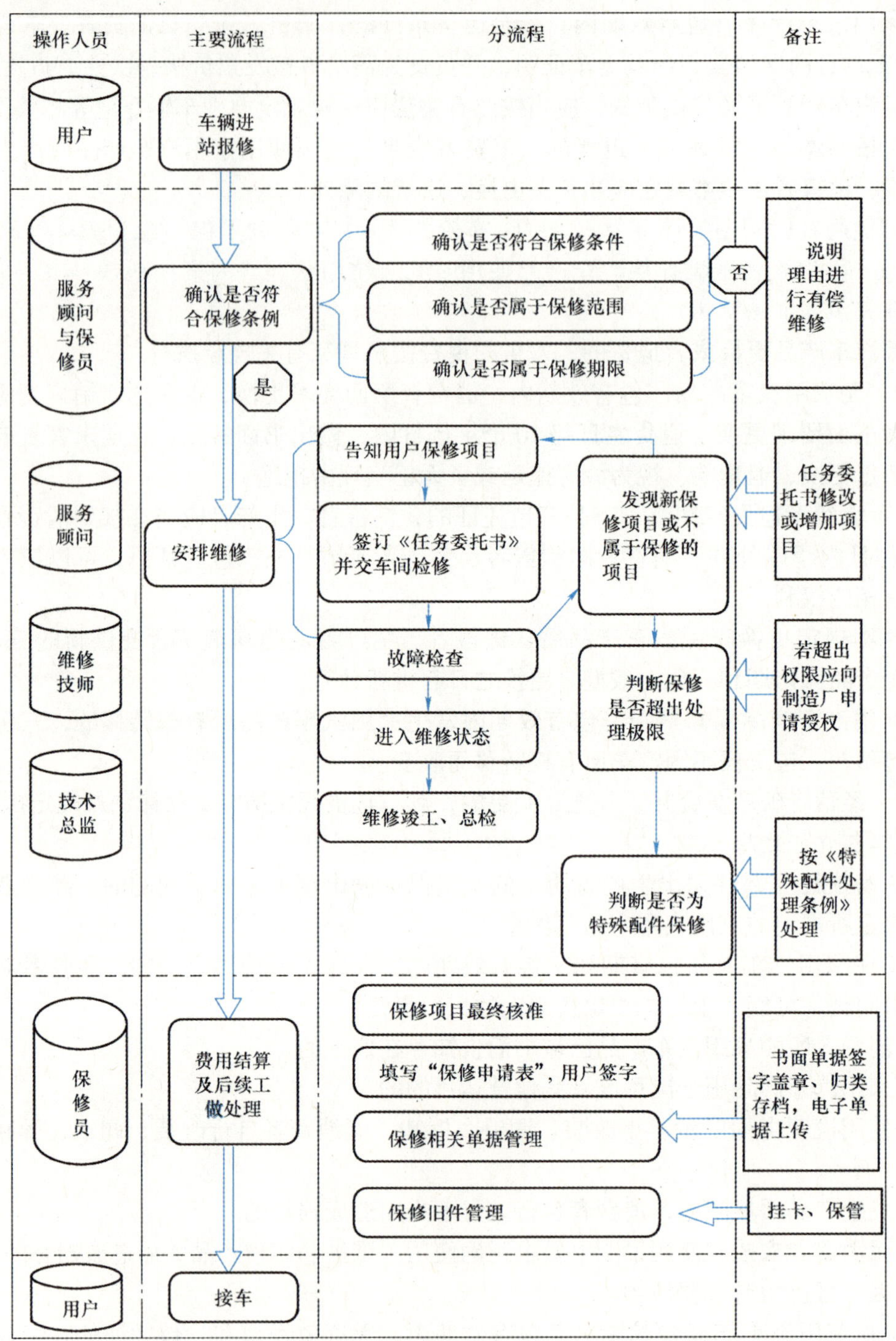

图 6-1 保修业务工作流程

1. 用户至特约销售服务站报修

2. 接待用户、登记、并进行鉴定

（1）服务顾问接待顾客、登记。服务顾问完成“七步法”工作流程中的第一步接待流程。并且要填好相应的“接车修理单”（表 6-1 为丰田 4S 服务站的“接车维修单”）。

表 6-1　接车维修单

顾客签名			
维修单编号	厂内编号		
驾驶人姓名	单位		特约店名称、地址、电话
驾驶人地址			
驾驶人电话	证件号		

车型号			牌照号			维修类型	□	一般维护
VIN 号			里程数				□	钣金喷漆
发动机号			维修日				□	定期维护

序号	修理项目和配件名称	操作类别	配件号	数量	配件金额	工时费
1						
2						
3						
4						
5						
6						
7						
备注				合计金额		
				预算费用		
				工时费合计		
				配件费合计		
				其他合计		
技术备注				总计		

接待		诊断	
一般		钣金	
喷漆		完检	

（2）服务顾问与保修员共同鉴定车辆是否属于保修范围。服务顾问、保修员与用户共同检查车辆。根据用户报修情况、车辆状况、车辆维护记录及相应的保修条例，服务顾问与保修员（必要时可请维修工程师参与）确认车辆故障点及原因；审核用户的报修内容是否符合保修索赔条件，并做出处理结果。审核内容主要包括以下三方面：

1）保修条件确认：确认是否符合保修条例中的“保修条件”。

2）保修范围确认：符合保修条件时，确认整车及其原始零部件或用户自费购买的零部件是否属于保修范围。

3）保修期限确认：符合保修条件、保修范围，服务顾问会同保修员一起进一步确认用户车辆或零部件是否在保修期范围内。

经审核，如果用户车辆符合保修条例，则按照保修政策安排维修；如不符合应跟用户解释清楚原因，并请用户自行付费修理。保修员在确认用户车辆符合保修索赔条件后，根据情况登记车辆相关数据，为用户分类提交保修申请。

当保修业务超出了服务站的授权范围时，服务站工作人员应向汽车制造厂申请授权，经制造厂批准后及时为用户提供保修服务。不同品牌的汽车企业，服务站的授权标准有所不同。表6-2列出了北京现代汽车有限公司规定需要申请授权的部分保修索赔项目。

表6-2　北京现代汽车有限公司授权申请表

<table>
<tr><td colspan="2">服务店名称：</td><td colspan="3">服务店代码：</td></tr>
<tr><td>联系人：</td><td>电话：</td><td>传真：</td><td colspan="2">维修日期：</td></tr>
<tr><td colspan="2">索赔编号：</td><td colspan="3">维修单号：</td></tr>
<tr><td colspan="2">销售日期：</td><td colspan="3">VIN 码：</td></tr>
<tr><td>车型：</td><td colspan="2">车型用途：</td><td colspan="2">里程：</td></tr>
<tr><td colspan="2">操作代码：</td><td colspan="3">现象代码：(N)</td></tr>
<tr><td colspan="2">故障零件代码：</td><td colspan="3">原因代码：(C)</td></tr>
<tr><td colspan="5">故障现象描述：</td></tr>
<tr><td colspan="2" rowspan="4">维修预案：</td><td>更换零件代码</td><td>数量</td><td>价格</td></tr>
<tr><td></td><td></td><td></td></tr>
<tr><td></td><td></td><td></td></tr>
<tr><td></td><td></td><td></td></tr>
<tr><td colspan="2" rowspan="4">PWA 类型代码：<table><tr><th>PWA类型</th><th>描述</th></tr><tr><td>1</td><td>更换总成部件</td></tr><tr><td>2</td><td></td></tr><tr><td>3</td><td></td></tr><tr><td>5</td><td></td></tr><tr><td>9</td><td></td></tr><tr><td>B</td><td></td></tr></table></td><td>预计配件金额：</td><td colspan="2"></td></tr>
<tr><td>预计工时金额：</td><td colspan="2"></td></tr>
<tr><td>预计外出金额：</td><td colspan="2"></td></tr>
<tr><td>预计维修总金额：</td><td colspan="2"></td></tr>
<tr><td colspan="5">北京现代确认的 PWA 编号：</td></tr>
<tr><td>索赔员签章
日期：</td><td>服务经理签章
日期：</td><td>北京现代确认意见
日期：</td><td colspan="2">北京现代服务部部长签字
日期：</td></tr>
</table>

北京现代汽车有限公司规定的需要申请授权的部分保修索赔项目：

（1）修理费超过2000元/台次（含2000元）的保修索赔。

（2）需要更换发动机总成、发动机缸体、变速器总成、车载计算机、转向机总成等部件时。

（3）喷漆费用超过 1000 元 / 台次（含 1000 元）的保修索赔。

（4）《标准工时手册》中没有操作代码的维修，实际维修时间超过 0.9h 的保修索赔。

3. 安排维修

（1）保修项目告知。确认符合保修条例后，服务顾问应告知用户具体保修的维修项目，表示若进车间检查如未发现异常情况即可办理保修。

（2）签订《任务委托书》交付检修。服务顾问与用户签订《任务委托书》后将车辆交付车间检修。

（3）车辆检修。车辆检修过程与售后服务“七步法”工作流程的相应工作内容基本相同。

当车辆进入维修工位后，由维修技师检查故障现象、分析故障原因；拆解更换零部件；进行维修作业。维修技师在维修过程中，对照《保修件鉴定标准》，如发现零部件的故障不符合保修条例；零部件功能未失效、仍可继续使用；发现新的保修项目时，应及时转达服务顾问。由服务顾问告知用户，经用户同意后修正《任务委托书》或在《任务委托书》中追加新的维修项目。

维修竣工后经总检员总检、试车后，即可通知保修员办理保修手续。

注意

当保修业务超出售后服务企业的核定标准时，应由保修员填报《保修鉴定报告》，经制造厂审核批准后方可进行保修处理。

对部分特殊零部件，应按照《特殊零部件保修处理办法》进行处理。

4. 费用结算

（1）保修最终核准。车辆检修结束后，服务顾问陪同用户至保修员处确认。保修员再次核查《任务委托书》与《使用说明书》及其他相关原始档案、信息的符合性和真实性，符合的给予办理保修结算，不符合的由服务顾问陪同用户至结算员处结账付款。

（2）填写保修单据。对保修涉及的零部件材料费、工时费、备件管理费不得向用户收取，而只需按照“‘保修申请表’填写说明”及时填写“保修申请表卡”，并请用户签字确认即可。保修员应注意：①费用结算时，应仔细审查保修单据上需要用户签字的地方；②保修旧件不交给用户，应保存在专门的旧件管理室；③按时将电子保修单据上传至售后服务专用系统。

5. 用户接车

将上述费用结算流程办理完成之后，服务顾问可根据汽车售后服务的交车流程向用户交车。

6. 保修员的后续工作

（1）保修旧件的管理。保修旧件的管理应注意：

1）维修工程师分析更换下来的零部件，填写《零部件故障报告》。

2）填写、悬挂“保修配件标签”，更换下来的保修旧件应清理干净，并挂上“保修配件标签”。“保修配件标签”应按规定如实填写好，并保证字迹清晰、不易褪色、悬挂或粘贴牢固。“保修配件标签”由汽车制造厂索赔管理部统一印制，特约销售服务站可以向索赔管理部申领。图 6-2 所示为丰田汽车公司的“保修配件标签”。

日期：

保修零部件签条

保修申请单编号：

车型/车型代号：

车架号代：

发动机号码：

零部件号码：

行驶里程：　　　　　　km

销售日期：

特约店名：

注意：请填写所有项目并把本签条牢固地系在零部件上。

❖ 请勿拆解此零部件或拆卸此零部件上的任何附件，请保持拆下时的状态以供进一步分析。

图 6-2　丰田汽车公司的“保修配件标签”

3）保修旧件挂签前的注意事项：在拴卡前，保修员应将有油质（如前后轮毂轴承）的保修件上的油质擦除干净。对于一些必须保持故障原始状态的保修件，不能将保修件进行不必要的拆卸，必须确保其原始状态。将“保修授权申请表”、“外出服务登记表”(表 6-3)(如果有外出服务的话）的复印件折叠成“保修配件标签”大小，然后粘贴在对应的“保修配件标签”后，对于备件保修将备件发票与结算单的复印件粘贴在对应的“保修配件标签”后，然后进行拴卡。

表 6-3　外出救援服务情况表

<table>
<tr><td colspan="5"></td><td colspan="3">维修档案号：</td></tr>
<tr><td>服务商代码</td><td colspan="2"></td><td colspan="2">服务商名称</td><td colspan="3"></td></tr>
<tr><td>故障发生地</td><td colspan="2"></td><td colspan="2">接到求援时间</td><td colspan="3"></td></tr>
<tr><td>顾客姓名</td><td></td><td colspan="2">顾客求援方式</td><td></td><td colspan="2">顾客联系电话</td><td></td></tr>
<tr><td rowspan="2">故障车辆信息</td><td>VIN 码</td><td colspan="3"></td><td colspan="2">发动机号码</td><td></td></tr>
<tr><td>购车时间</td><td colspan="2"></td><td>车辆牌照</td><td></td><td>行驶里程</td><td></td></tr>
<tr><td>顾客
反映
情况</td><td colspan="4"></td><td colspan="3">出发时间：
售后片区负责人签名：

年　月　日</td></tr>
</table>

（续）

<table>
<tr><td>外出任务</td><td colspan="5"></td></tr>
<tr><td>检查情况</td><td colspan="5"></td></tr>
<tr><td>处理情况</td><td colspan="5"></td></tr>
<tr><td>顾客意见</td><td colspan="3"></td><td colspan="2">顾客签名：
年　月　日</td></tr>
<tr><td>外出人数</td><td></td><td>外出天数</td><td></td><td colspan="2">外出人员签名：
年　月　日</td></tr>
<tr><td>通行费
（或车船费）</td><td></td><td>公示补助费</td><td></td><td>车辆补助费
（或外出差旅费）</td><td></td></tr>
<tr><td>总金额</td><td colspan="2"></td><td colspan="3">丰田汽车公司审核结果</td></tr>
<tr><td>站长
审核
意见</td><td colspan="2">（盖章）</td><td colspan="3">审核结果：
审核意见：
审核结算费用：
审核人员：
审核日期：</td></tr>
</table>

4）挂签方法，保修员将“保修配件标签”装入透明的、前端打孔的、可以挤压封口的、长乘宽规格为保修标签大小的塑料袋中并封口；用直径稍粗的橡皮筋或塑料扎带将塑料袋拴挂在保修件上，并确保不脱卡。

对于蓄电池、消声器等大型件采用较大的透明塑料袋，将“保修配件标签”装入后，以有字迹的正面向外，然后用宽式的透明胶带粘贴在保修件上。

将挂签后的保修旧件送入专门的旧件仓库统一保管，以备定期寄回制造厂。

5）保管旧件的注意事项。服务站须有单独的保修件存放库房，库房内可根据保修业务量大小放置数台货架，以便保修件分类保管。

货架的摆放要求：最下方可放置铁器件，如减振器、转向器等；中间部分可放置小体积较重件，如发电机、起动机等；上部可存放电子元件、车身装饰件、灯具等；其他不规则件如发动机总成、变速器总成、保险杠、排气管、座椅等需要单独放置；应特别注意蓄电池等具有不安全因素的保修件安全事件的发生。

6）保修旧件登记，及时将保修旧件的相关信息登记在保修旧件明细表（表6-4）上。

（2）保修单据的管理。保修单据的管理应注意：

1）保修员应将当天的保修申请进行统计，并填写“保修申请表”。表6-5为北京现代汽车有限公司的保修申请单样式。

2）保修员应每月一次在规定时间内将当月的“保修申请表”按照申请单号顺序整理归档，以便按时向汽车制造厂保修管理部提交。

表 6-4　保修旧件明细表

保修旧件明细表								
序　号	配件编号	配件名称	数　量	申请单号	缺　陷	登记日期	经 办 人	备　注

表 6-5　北京现代保修申请单

拓印 VIN 码	北京现代保修申请单

特约店代码	索赔单号	维修单编号	工作前许可编号（PWA）	代修类型	车辆类型及用途

车辆识别码	里程数	销售日期			维修开始日期			维修结束日期		
		年	月	日	年	月	日	年	月	日

故障零件代码	症状代码	原因代码	服务经理	维修员工

服务零件信息	以前修理时间交付日期			以前的里程表数	以前的维修单号	状况描述
	年	月	日			

替换零件编号				
零件编号	零件名称	数量	价格	总计

工时操作				
	操作代码	数量	小时	总计
主要				
相关				
相关				
相关				
相关				
相关				
经销商签名/日期				

提交金额
零件：
工时：
代修：
总计：

3）保修员必须在涉及保修的《任务委托书》上签字，并将《任务委托书》、“结算单”附在一起，在涉及保修的“结算单”相应保修项上必须注明保修申请单号，按《任务委托书》号、修理日期排序并按月份存档。

对涉及保修的《任务委托书》、“结算单”必须有用户签字才能生效。

4）计算机中的维修档案记录也需妥善管理，计算机档案记录可查询、追溯。

四、汽车保修费用申报

1. 汽车保修费用标准

服务站向制造厂申报的保修费用项目包括：材料费用，工时费用，管理费用，保修件附加费（运费），外出服务费用。

具体申报过程中应根据制造厂拟定的相关费用标准（如首保费用标准、工时费用标准、保修备件管理费用标准、外出服务费用标准、保修件附加费标准），对应申报。

2. 保修费用申报流程

服务站及时为符合保修条例的用户提供保修业务后，还需要定期向汽车制造厂申报保修涉及的费用。一般来说，申报周期为每月一次，具体的申报时间节点不同的企业有所不同。具体费用申报的流程如图 6-3 所示。

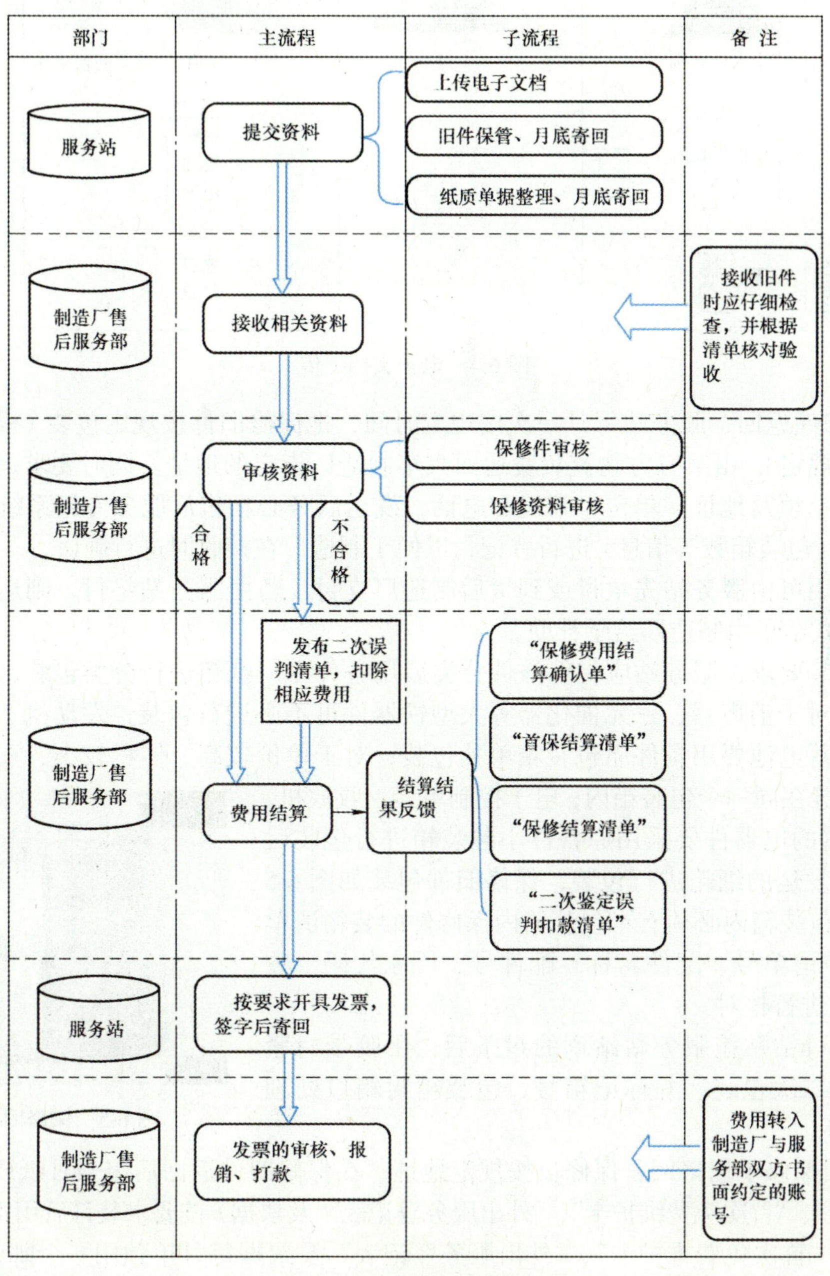

图 6-3　保修费用申报流程

（1）服务站按时提交申报资料。服务站必须按照厂商的要求及时提交申报资料。

1）电子文档的及时上传，对于在保修业务中涉及的“保修申请单”、《任务委托书》等电子文档，工作人员在线如实填写后，通过专门的保修系统及时上传，如图 6-4 所示。

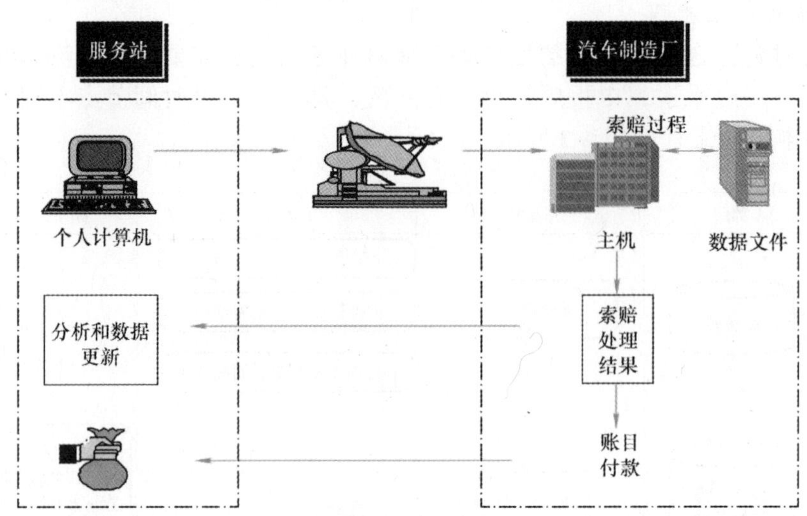

图 6-4 电子文档上传

2）保修件返回，服务站每月一次按规定时间，把保修旧件按规定包装（根据相应的保修旧件处理规定），由第三方物流负责运回汽车制造厂指定的地址。同时要求运输商按规定在运输单据上填写地址、单位、邮编和电话，发运后务必在售后服务专用系统中将发运件的相关信息（包装箱数等信息）进行登记，以便于制造厂在接收时进行确认。

发运费用可由服务站先垫付或到货后制造厂支付。若由服务站垫付，则运费以保修附加费用的方式给予由制造厂给予补助。

旧件包装要求：服务站应将保修件分类后用备件专用纸箱进行分类包装，并确保包装稳妥牢靠。对于消声器、三元催化器等大型铁器件可不必进行包装；发动机、缸体、变速器、缸盖、蓄电池要用备件原包装箱单独包装；对于单价较高、体积较小、重量较轻的保修件最好放置在同一个包装箱内；电子控制单元、收放机、CD 机等贵重的电器件要采用原备件小包装箱进行包装后再分类装入发运的纸箱进行包装，保修旧件包装如图 6-5 所示。每个包装箱内必须有本包装箱内保修件的装箱清单（清单包括申请单号、配件名称、配件号、厂家代码、数量），以便在进行核对。

图 6-5 保修旧件包装

在封箱口粘贴盖服务站站章的封条后，用胶带封紧密封，防止二次包装，并标记箱号，包装箱封箱口处理如图 6-6 所示。

3）纸质保修单据寄回，保修员按规定地址，在保修旧件返回后将当月纸质单据（包括“保修登记卡”、“首次免费维护卡”、“外出服务登记表”及票据）按要求装订后用寄回，且“保修登记卡”、“首次免费维护卡”、“外出服务登记表”及票据每月单独用一个邮政快递寄回，寄出后并在售后服务专用系统中将函件相关信息进行登记，以便汽车制造厂接收时进行核对。

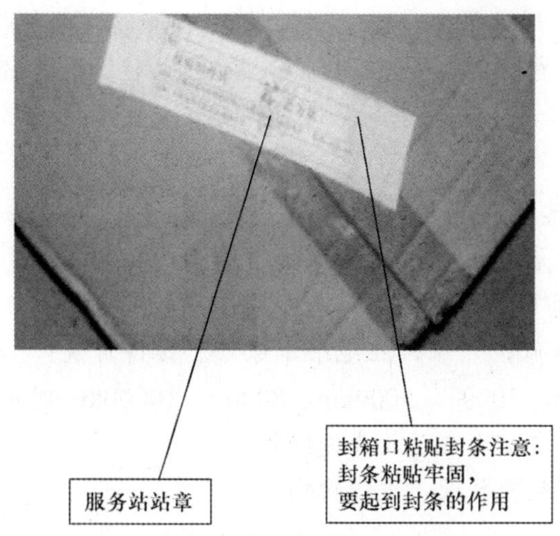

图 6-6 包装箱封箱口处理

（2）保修件及保修资料的接收。保修件抵达制造厂后，制造厂接收人员将对保修件包装箱的件数、包装箱的完整性进行确认（若出现包装箱破损、存在二次包装或包装箱缺失的异常情况接受人员应及时通知服务站保修人员，与其一起与运输商进行交涉尽可能减少损失）。保修员应及时关注制造厂在售后服务专用系统中是否回复保修件、保修资料接收的信息。

（3）申报资料的验收。申报资料的验收必须符合厂商的要求：

1）保修件的验收。收到保修件后，制造厂的保修审核人员将对保修件进行验收，确认保修件是否符合《保修条例》、《保修件鉴定标准手册》、《保修件鉴定标准》、《保修件不认可标准》，对保修件存在问题的索赔申请将返回或取消。

保修员应关注制造厂在售后服务专用系统中验收情况，若对验收的结果有疑问，应在规定日期内（如奇瑞公司为三日）与制造厂工作人员沟通。

2）保修单据审核。保修件验收后，制造厂审核人员以企业的《保修条例》及《保修单据不认可标准》等为标准，将对保修单据进行审核；同时与售后专用系统中上传的电子资料进行核对，并做出审核标志及审核说明。服务站保修员应及时确认审核结果，对不合格单据应根据审核说明认真分析不合格原因。

（4）保修费用结算。保修件验收及保修单据审核后，制造厂将对服务站当月的所有首保、保修、外出救援等费用进行结算，并将结算的结果公示在售后服务专用系统，具体内容包括“保修业务通知单”及其附件：“首次维护结算清单”，“保修结算清单”、“外出服务结算清单”、“误判扣款结算清单”。

服务站若对结算结果有疑义，保修员应在规定时间内（如奇瑞公司为两日）及时与制造厂保修结算负责人联系。

（5）开具发票。服务站对结算结果确认无误后，保修员将结算单据打印后，再次核对打印出的“保修费用结算确认单”与“保修单据结算明细”的金额是否一致，无误后递交站长、总经理在单据的指定位置签章，财务人员按要求及“保修费用结算确认单”上的说明开具增值税发票，并及时寄回制造厂指定地址。

（6）报销入账。制造厂收到增值税发票及“保修费用结算确认单”与“保修单据结算明细”后，将审核发票的开具是否合格、附件是否齐全（不合格发票将退回重新开具），若全部合格将及时进行报销入账。服务站的保修员或财务人员定期与制造厂财务人员对账。

回答下列问题

【案例分析】车主李某2008年6月在海南某4S店购买一辆长城哈弗汽车，当时厂家承诺汽车在行驶60000km或两年内保修，但汽车行驶到25000km时出现质量问题（车内阅读灯不亮和车辆时速行驶到110km/h时转向盘发抖），车主于2009年1月23日把车开到长城4S维修店检查要求厂家保修，厂家却拒绝给车保修。接待员说：“按照长城厂家规定期长于汽车行驶1000～1500km、3000～5000km、8000～10000km时要到长城汽车授权服务中心进行走合维护，否则将被视为自动放弃保修权”。

请问李某的保修要求是否合理，说明理由。

学习完本任务后，完成下列任务

（1）在老师的带领下，分小组就给出的案例进行讨论，认真回顾所学的汽车保修与“三包”的相关知识，形成讨论结果，每组再推举一位同学在班级上进行展示。

案例一：刘先生遇到的这个情况有些离谱，他的车半年行驶4800km就发现车门密封条漏水了，接下来汽车喇叭、导航仪、电动转向盘、中央扶手等地方也修过，车辆前后到站开单修过40多次。虽然服务站对他的修车要求很配合，但是频繁的修理已经严重影响了他的正常工作和生活，他向厂商提出退车换车的要求。

案例二：提起近期的维修维护经历，小何心里有点烦。他的车买了才一年多，跑了不过2万多千米，三个月前去一家4S店检修左前门玻璃升降不畅的问题，负责对他的车辆进行维修的技师建议他更换了不少配件。小何觉得是熟人介绍的店维修水平比较可靠，所以相信并接受了他的建议。半个月后他发现故障还没有排除，就回到4S店，师傅说没有大问题，只是对故障部位做了简单处理，但后来小何又先后因同样问题去该服务站开单处理过三次，效果都不理想，现在小何对该服务站产生了严重的不信任感，并去该店里闹了两次，要求换车。

案例三：任先生2009年11月买了一辆新车，当年冬天，这辆车就出现两次起动无故熄火故障，服务站进行了简单的故障排除。2011年3月，任先生的汽车再次无故熄火，服务站认为，汽车熄火的原因在于变速器。经过多次交涉，当年8月，服务站更换了变速器总成。2011年10月7日，任先生一家开车在高速路上时，车辆在减速后突然失去动力，差点造成车祸。事后，经4S店检查，车辆发生故障的原因还是在变速器上，并再次提出帮他更换变速器总成。在提车前，任先生被服务人员告知，车辆在更换完毕准备交付后的试车过程中，又出现了与高速路上同样的情况，必须第三次更换变速器有关部件。任先生认为，新车两年换了 3 个变速器，自己实在不敢开这辆车了。他以汽车存在重大质量问题为由，向服务站提出更换新车的要求。

案例四：客户李师傅购车 8 个多月，车辆行驶里程 1.2 万 km。二月前车辆因发动机气缸垫被冲送入 4S 店维修，维修师傅小张检查后为其更换气缸垫，车辆出厂后一个星期再次因同样问题被施救回站，这次小张检查后认为可能是前次气缸垫质量问题，重新更换气缸垫后交车。没有想到的是半月后车辆又一次出现相同故障，这次小张检查后发现是电子风扇高速档失效造成冷却液温度过高，引起上述故障，更换电子风扇和气缸垫后排除故障。半月后该车第四次进站，还是同样问题，这次 4S 店换技术总监亲自检查，结果是缸盖变形，需更换气缸盖，客户李师傅立刻不愿意，认为发动机都修过四次了，不知以后还会不会出事，不敢再开此车了，要求换车。

案例五：客户肖先生购车已一年多，车辆行驶 2 万多千米，半月前肖先生发现车辆制动不力，到 4S 店检修，服务顾问按照流程询问客户并填写接车单后请客户到休息室休息。因故障无法确定，服务顾问将车送入预检工位请预检人员确认，经检查是制动主缸总成问题，经客户同意后更换并解决问题。客户接车出去一个星期又回来，还是之前的原因。服务顾问查询资料发现此车是三包预警车，做完环车检查和相关流程，请客户到休息室休息后，送预检工位检查发现是制动主缸总成质量问题，经与厂家沟通，由服务顾问出面告诉客户是真空助力器（带制动主缸总成）磨损造成，需更换真空助力器，客户同意后送入车间修理，车间得知是三包预警车后派技术能手作业处理，质检员严格把关，问题得到圆满解决。

案例六：黄女士刚刚拿到驾照，立刻去买了车，非常兴奋。但不到半年就遇到麻烦事。新车开了才 5000 多千米就出现异响，到服务站处理不久，又先后出现过刮水器喷水电动机故障、蓄电池桩头松动、玻璃升降不畅等一系列小问题，先后开单服务过 38 次，虽然都是小问题，虽然服务人员态度一直极好，黄女士还是觉得此车开起来不舒心，要求换车。当服务人员得知黄女士的想法后，就积极与其沟通，说明服务诚意，并表明换车不一定就是最好的方法。因为换车首先要承担使用补偿费，很多的相关手续需变更，更换的车辆还要重新装潢，新装潢的车辆还有气味等。同时告诉黄女士现在的车只是些小问题，不会影响正常使用，如果不换车，服务站可以在今后的服务中给予一定优惠和补偿，如送维护、送 VIP 卡、适当延长保修期等。经服务人员的有效沟通和诚意表达，黄女士觉得服务人员说的也有道理，并且服务人员一直服务很好，虽然汽车有问题，但每次都能及时解决，最终接受了服务人员的建议，双方达成此问题相互免责的协议，取得了双赢的结果。

（2）在老师的带领下，来到汽车售后服务大厅（或实训模拟服务大厅），按照保修工作流程进行模拟演练，并根据模拟情况分阶段填写“保修申请单”（表 6-6）、“质量信息报告”（表 6-7）、“保修汇总表”（表 6-8）、“保修配件标签”（表 6-9）等。

学习活动形式——场景模拟与角色扮演

场景一：今天广州本田 ××4S 店服务大厅里来了一位王先生，声称自己的爱车买了不到两年，但是最近发现车底部有漏油的现象，怀疑是发动机或变速器漏油，并提出保修要求。作为服务大厅的服务接待、保修员等应该如何处理？

场景二：快到月底了，按公司保修政策规定月底应将这月的保修旧件及相关资料寄回厂家，并向厂家申请保修。作为保修员你应该做哪些工作？

表6-6　保修申请单

广州本田保修申请单		特约店名称　（盖章）	
申请单编号		主要故障项目代码	

用户名称				电话			
地　址				邮政编码		联系人	
车　型		车型代号		销售日期		行驶里程	
车架编号				发动机编号			
变速器编号				牌照号		上牌日期	
发生日期		来厂日期		修理日期		修理工单号	

用户抱怨内容			
故障现象			
主要故障部位		质量信息报告号码	
修理内容		简图说明	

修理项目	配件编号	故障码	单价	数量	总价	修理代号	工时

备注	申请日期		总配件费		总工时费	
	鉴定员签名	经理签名	配件管理费		其他费用	
			配件邮寄费		总　计	

（续）

（以下为广州本田使用栏）						
□　特例同意						
□　拒绝原因如下	拒绝代号					日期：
□　退回信息不足						签名：
						广州本田汽车有限公司 售后服务科

表 6-7　质量信息报告

日期：					页数：	
					特约店编号：	
收件单位：			特约店名称	报告人	服务经理	
车主名称：						
详细地址：						
联系人：	邮编：			传真：		
联系电话：				电话：		
故障概述：			车架号码：			
			发动机号码：			
			变速器编号：			
故障发生地点	故障时行驶状态	故障时行驶道路	变速器类型：MT □　AT □			重要度
			颜色代号：	生产日期：　年　月		
征兆（客户的抱怨）：		客户态度：	图示：			
调查分析：						
主要原因（若明了，请填写）：			临时处理措施及结果：			特约店：
附加信息：			故障零部件号	故障码	数量	发送
			1			
			2			
			3			
			4			
			5			
购车日期：	故障日期：		修理日期：		公里数：	
总修理费：	配件费：		工时费：		其他费用：	

注：该报告一式三份，原件首先传真至 020-0000000，然后与保修申请单一起寄给 ×× 售后服务科服务技术组，一复印件随换下配件寄给 ××，另一复印件由特约销售服务店存档。

表 6-8　保修汇总表

<table>
<tr><td colspan="2" rowspan="1">广州本田保修汇总表</td><td colspan="2">特约店名称 / 地址</td></tr>
<tr><td>填写日期</td><td></td><td rowspan="3">申请单
编号</td><td>-- --</td></tr>
<tr><td>电话</td><td></td><td>至</td></tr>
<tr><td>传真</td><td></td><td>-- --</td></tr>
</table>

<table>
<tr><td colspan="5"></td><td colspan="2">以下为广州本田使用栏</td></tr>
<tr><td>车型</td><td>车型代号</td><td>申请数量</td><td>申请数额</td><td>平均金额</td><td>受理数量</td><td>受理金额</td></tr>
<tr><td></td><td></td><td></td><td></td><td></td><td></td><td></td></tr>
<tr><td></td><td></td><td></td><td></td><td></td><td></td><td></td></tr>
<tr><td></td><td></td><td></td><td></td><td></td><td></td><td></td></tr>
<tr><td></td><td></td><td></td><td></td><td></td><td></td><td></td></tr>
<tr><td></td><td></td><td></td><td></td><td></td><td></td><td></td></tr>
<tr><td></td><td></td><td></td><td></td><td></td><td></td><td></td></tr>
<tr><td></td><td></td><td></td><td></td><td></td><td></td><td></td></tr>
<tr><td></td><td></td><td></td><td></td><td></td><td></td><td></td></tr>
<tr><td></td><td></td><td></td><td></td><td></td><td></td><td></td></tr>
<tr><td></td><td></td><td></td><td></td><td></td><td></td><td></td></tr>
<tr><td></td><td>合计</td><td></td><td></td><td></td><td></td><td></td></tr>
<tr><td colspan="5">以上申请保修费用，详细请参照各申请单

(特约店章)

服务经理签字：________________.</td><td colspan="2">以上同意受理。

广州本田汽车有限公司
售后服务科

签字：________.

年　月　日</td></tr>
</table>

表 6-9　保修配件标签

日期：

保修零部件签条
保修申请单编号：
车型/车型代号：
车架号代：
发动机号码：
零部件号码：
行驶里程：　　　　km
销售日期：
特约店名：
注意：请填写所有项目并把本签条牢固地系在零部件上。

❖请勿拆解此零部件或拆卸此零部件上的任何附件，请保持拆下时的状态以供进一步分析。

任务一　自测表

在教师签字前，你应在教师的帮助下，找出所有的错误，进行改正	
	回答
认识汽车保修政策	
正确实施汽车保修业务流程	

教师签字 ______________ 日期 ______________

学生签字 ______________ 日期 ______________

任务二　机动车保险业务流程管理

学习目的

本任务可以帮助你认识机动车保险知识，正确地掌握机动车保险业务流程管理。

（1）认识机动车保险的含义及分类。

（2）掌握机动车承保工作流程。

（3）掌握机动车理赔工作流程。

学习信息

机动车保险是一种预防和控制自然灾害和意外事故有效的经济补偿措施。它包括承保、理赔两个过程。

一、机动车保险概述

1. 机动车保险的含义

《中华人民共和国保险法》（以下简称《保险法》）所称保险是指投保人根据合同约定，向保险人支付保险费，保险人对于合同约定的可能发生的事故引起发生所造成的财产损失承担赔偿保险金责任，或者当被保险人死亡、伤残、疾病或者达到合同约定的年龄、期限时承担给付保险金责任的商业保险行为。

机动车保险是保险中最为重要的保险种类，是运输工具保险的一种。它承保业务、商用和民用的各种机动车因遭受自然灾害或意外事故造成的车辆本身以及相关利益损失和采取措施所支付的合理费用，以及被保险人对第三者人身伤害、财产损失依法应负有的民事赔偿责任。以下入无特别说明，均将机动车保险简称为保险。

2. 机动车保险种类

机动车保险按性质可以分为强制保险与商业车险。机动车保险产品分类详见表 6-10。

表 6-10　机动车保险产品分类表

机动车强制保险	机动车商业保险	
	基　本　险	附　加　险
机动车交通事故责任强制保险	第三者责任险	损失类：自燃损失险，车窗玻璃单独破碎险，倒车镜或车灯单独破碎险，车身划痕险，新增设备险，停驶损失险等
	车辆损失险	责任类：车上货物责任险、车载货物掉落责任险、交通事故精神损害赔偿责任险
	车上人员责任险	综合类：交强险缺失险
	全车盗抢险	补充类：附加险不计免赔率特约险

（1）强制保险。强制保险，全称为机动车交通事故责任强制保险（简称：交强险），是国家规定强制购买的保险。它是指被保险机动车在保险期间发生交通事故，保险公司对每

次保险事故所有受害人的人身伤亡和财产损失所承担的赔偿。机动车必须购买交强险才能上路行驶、年检、上户。

（2）商业车险。商业车险是非强制购买的保险，车主可以根据实际情况选择。商业车险种类根据保障的责任范围还可以分为基本险和附加险。

1）基本险。基本险类别：第三者责任保险、车辆损失险、全车盗抢险、车上人员责任险共四个独立的险种。投保人可以选择投保其中部分险种，也可以选择投保全部险种。

第三者责任险是指合格驾驶人在使用被保险车辆过程中发生意外事故而造成第三者的财产直接损失与人员伤亡的。

车辆损失险是指保险车辆遭受保险责任范围内的自然灾害或意外事故，造成保险车辆本身损失，保险人依据保险合同的规定给予赔偿。

车上人员责任险是指保险车辆发生事故造成本车车上人员的受伤，由表及里保险公司负责赔偿。

机动车辆全车盗抢险的保险责任为全车被盗窃、被抢劫、被抢夺造成的车辆损失以及在被盗窃、被抢劫、被抢夺期间受到损坏或车上零部件、附属设备丢失需要修复的合理费用。

2）附加险。附加险是指购买了车辆损失险或第三者责任险之后附加的汽车险种，只可以单独投保。

附加险类别：附加在损失险、第三者责任险上的险种以及附加免赔险。

例如，玻璃单独破碎险、自燃损失险、新增加设备损失险，是车身损失险的附加险，必须先投保车辆损失险后才能投保这几个附加险；车上责任险、无过错责任险、车载货物掉落责任险等，是第三者责任险的附加险，必须先投保第三者责任险后才能投保这几个附加险；精神损害赔偿险是第三者责任保险和车上人员责任险的附加险，已投保商业第三者责任保险或车上人员责任险的车辆方可投保本附加险；每个险别不计免赔是可以独立投保的。

二、承保工作流程

承保实质上是保险双方订立合同的过程。汽车售后服务企业的承保工作主要属于兼业代理承保，保险兼业代理人是指受保险人委托，在从事自身业务的同时，为保险人代办保险业务的单位，其一般工作流程如图 6-7 所示。

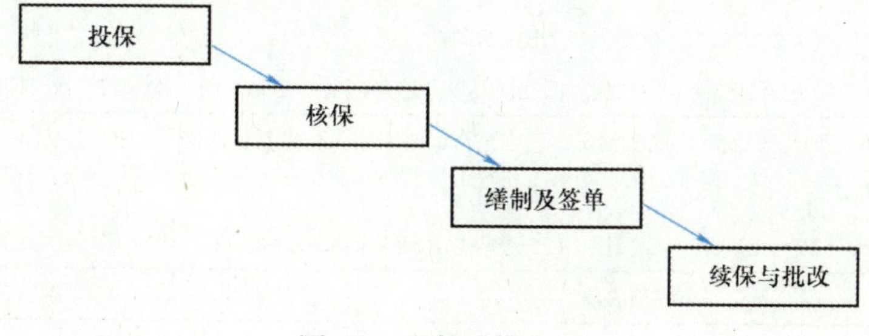

图 6-7　承保工作流程

1. 投保

（1）汽车售后服务企业向投保人介绍保险条款，履行说明告知义务，依照《保险法》及监管部门的要求，严格按照条款告知投保人各投保险种的保障范围，特别要声明责任免除及被保险人义务等条款内容。

（2）依据保险标的的性质、投保人的特点、要求制订保险方案。

（3）计算保险费，并履行如实告知投保人的义务。

（4）检验行驶证件与车辆。

（5）提供“投保单”，投保人填具“投保单”（表 6-11），其内容主要包括：

1）投保人和被保险人情况：姓名、地址。

2）保险车辆情况。

3）投保险种及期限。

4）特别约定。

5）投保人签单。

（6）检验保险标的的真实性。

（7）将投保信息录入软件管理系统（系统自动生成投保单号），提交核保人员核保。

表 6-11 机动车保修投保单

<table>
<tr><td rowspan="2">投保情况</td><td>投保情况</td><td colspan="2">□新保 □续保</td><td>上年投保公司</td><td colspan="3"></td></tr>
<tr><td>上年保单号</td><td colspan="2"></td><td>到期时间</td><td colspan="3"></td></tr>
<tr><td rowspan="3">被保险人</td><td>被保险人</td><td colspan="2"></td><td>身份证号码</td><td colspan="3"></td></tr>
<tr><td>通信地址</td><td colspan="2"></td><td>邮政编码</td><td colspan="3"></td></tr>
<tr><td>联系人</td><td colspan="2"></td><td>联系电话</td><td></td><td>E-mail</td><td></td></tr>
<tr><td rowspan="7">投保车辆情况</td><td>车牌号码</td><td></td><td>境外号牌</td><td></td><td>号牌底色</td><td colspan="2"></td></tr>
<tr><td>厂牌型号</td><td></td><td>车辆种类</td><td></td><td>车架号</td><td colspan="2"></td></tr>
<tr><td>发动机号</td><td></td><td>排气量 / L</td><td></td><td>车辆颜色</td><td colspan="2"></td></tr>
<tr><td>VIN 码</td><td></td><td>座位 / 吨位</td><td></td><td>初登日期</td><td colspan="2"></td></tr>
<tr><td>使用性质</td><td colspan="2">□营业 □非营业</td><td>防盗装置</td><td colspan="3">□电子防盗装置 □机械防盗装置 □无</td></tr>
<tr><td>所属性质</td><td colspan="2">□机关 □企业 □个人</td><td>固定车位</td><td>□有 □无</td><td>驾驶人数</td><td>□单人 □多人</td></tr>
<tr><td>形势区域</td><td colspan="2">□省内 □国内 □出入港澳</td><td>安全装置</td><td colspan="3">□安全气囊 □ ABS □无安全装置</td></tr>
<tr><td rowspan="3">主驾驶人资料</td><td colspan="7">姓名： 性别：□男 □女 婚姻情况：□已婚 □未婚 初领驾证时间 年 月 日</td></tr>
<tr><td colspan="7">身份证号码： 出生时间：</td></tr>
<tr><td colspan="7">近三年肇事记录：□无 □一次 □二次 □三次及以上违章记录：□无 □一次 □二次 □三次及以上</td></tr>
<tr><td rowspan="3">副驾驶人资料</td><td colspan="7">姓名： 性别：□男 □女 婚姻情况：□已婚 □未婚 初领驾证时间 年 月 日</td></tr>
<tr><td colspan="7">身份证号码： 出生时间：</td></tr>
<tr><td colspan="7">近三年肇事记录：□无 □一次 □二次 □三次及以上违章记录：□无 □一次 □二次 □三次及以上</td></tr>
<tr><td rowspan="5">基本险</td><td colspan="4">车辆损失险</td><td colspan="3">第三者责任险</td></tr>
<tr><td>新车购置价</td><td>保险金额</td><td>费率</td><td>保险费小计</td><td>赔偿限额</td><td colspan="2">保险费小计</td></tr>
<tr><td></td><td></td><td></td><td></td><td></td><td colspan="2"></td></tr>
<tr><td colspan="4">驾驶人座位责任险</td><td colspan="3">乘客座位责任险</td></tr>
<tr><td>赔偿限额</td><td></td><td>保险费小计</td><td></td><td colspan="2">赔偿限额： 万元 / 座</td><td>保险费：</td></tr>
</table>

（续）

	险　　别	保险金额（赔偿限额）	费率	保险费小计
附加险	全车盗抢险			
	前后风窗玻璃单独爆裂险			
	无过错损失补偿险			
	不计免赔率特约险			
	自然损失险			
	新增设备损失险			
	承运货物责任险			
	免税车辆关税责任险			
	代步车费用险			
	全车盗抢附加高尔夫球具盗窃险			
	他人恶意行为损失险			
	交通事故精神损害赔偿险			
保险期限：共　　个月　　自　　年　　月　　日零时起至　　年　　月　　日二十四时止				
特别约定：				

2. 核保

核保是指保险单位对于投保人的投保申请进行审核，决定是否接受承保的风险，并在接受承保风险的情况下，确定承保费率和免赔额等条件的过程。核保的具体步骤如下。

（1）审核投保单。审核投保单的项目包括：

1）投保人资格，主要通过核对行驶证来完成。

2）投保人或被保险人的基本情况，特别针对车队业务，要通过了解企业性质、经营方式、运行路线等，分析投保人或被保险人对车辆的技术管理状况，可能及时发现潜在的风险，采取必要的措施降低或控制风险。

3）投保人或被保险人的信誉，核保的重要内容之一。

4）保险标的，尽可能采用“验车承保”的方式，即对车辆进行实际检验，包括了解车辆的使用、管理状况，复印行驶证、购置车辆的税费凭证，拓印发动机与车架号码等。

5）保险金额。

6）保险费审核。

7）附加条款。

（2）查验车辆。查验的主要内容包括：

1）查验车辆有无受损，是否有消防、防盗设备等。

2）查验车辆的实际牌照号码、车型及发动机号、车身颜色等是否与行驶证一致。

3）查验车辆的操纵安全性与可靠性是否符合行车安全要求（重点检查转向、制动、灯光、喇叭等涉及安全性的因素）。

4）查验发动机、车身、底盘、电器等部分的技术状况。

根据查验结果确定车辆的新旧成数。一般，对私有车辆要填具“验车单”，附于“保险单”副本上。

（3）核定保险费率。参照《机动车保险费率标准》，依据车辆的使用性质、种类确定保险费率。

（4）计算保费。

3. 缮制和签发“保险单”

（1）缮制“保险单”。工作人员接到“投保单”及其附表后，根据核保人员签署意见进行缮制“保险单”工作。

1）将“投保单”上有关的内容录入到计算机软件系统保险单对应栏目内，复核无误后打印“保险单”。

2）制单人在“保险单”相应的“制单”处签章，并将“保险单”、“投保单”及附表一并交复核处复核。

3）复核无误后，复核人员在“保险单”的“复核”处签章，并交收费人员收费。

4）收费人员向投保人收取保险费；并在“保险单”的“会计”处和保险费收据的“收款人”处签章；加盖财务专用章。

（2）签发“保险单”。机动车保险实行一车一单和一车一证制。工作人员在投保人交费后，在“保险单”上注明公司名称、详细地址、邮编及联系电话，加盖公司专用章。根据“保险单”填写“汽车保险证”并加盖公司专用章。向投保人签发“机动车交通事故责任强制保险单（正本）”（表6-12）、“保险费发票”、“保险证”。

表 6-12 机动车交通事故责任强制保险单（正本）

保险单号：

<table>
<tr><td colspan="2">被保险人</td><td colspan="5"></td></tr>
<tr><td colspan="4">被保险人身份证号码或组织机构代码</td><td colspan="3"></td></tr>
<tr><td colspan="2">地址</td><td colspan="3"></td><td>联系电话</td><td></td></tr>
<tr><td rowspan="4">被保险机动车</td><td>号牌号码</td><td></td><td>机动车种类</td><td></td><td>使用性质</td><td></td></tr>
<tr><td>发动机号码</td><td></td><td>识别代码（车架号）</td><td colspan="3"></td></tr>
<tr><td>厂牌型号</td><td></td><td>核定载客</td><td>人</td><td>核定载质量</td><td>千克</td></tr>
<tr><td>排　量</td><td></td><td>功　率</td><td></td><td>登记日期</td><td></td></tr>
<tr><td rowspan="3">责任限额</td><td>死亡伤残赔偿限额</td><td colspan="2">50000 元</td><td colspan="2">无责任死亡伤残赔偿限额</td><td>10000 元</td></tr>
<tr><td>医疗费用赔偿限额</td><td colspan="2">8000 元</td><td colspan="2">无责任医疗费用赔偿限额</td><td>1600 元</td></tr>
<tr><td>财产损失赔偿限额</td><td colspan="2">2000 元</td><td colspan="2">无责任财产损失赔偿限额</td><td>400 元</td></tr>
<tr><td colspan="7">与道路交通安全违法行为和道路交通事故相联系的浮动比率：　　%</td></tr>
<tr><td colspan="7">保险费合计（人民币大写）：　　（￥：　　元）其中救助基金（　　%）￥：　　元</td></tr>
<tr><td colspan="7">保险期限自　　年　　月　　日零时起至　　年　　月　　日二十四时止</td></tr>
<tr><td colspan="7">保险合同争议解决方式</td></tr>
<tr><td rowspan="4">代收车船税</td><td>整备质量</td><td colspan="2"></td><td>纳税人识别号</td><td colspan="2"></td></tr>
<tr><td>当年应缴</td><td>￥　　元</td><td>往年补缴</td><td>￥　　元</td><td>滞纳金</td><td>￥　　元</td></tr>
<tr><td colspan="6">合计（人民币大写）：　　（￥：　　元）</td></tr>
<tr><td>完税凭证号（减免税证明号）</td><td colspan="2"></td><td>开具税务机关</td><td colspan="2"></td></tr>
</table>

（续）

特别约定	
重要提示	1. 收到本保险单后请即核对，填写内容如与投保事实不符，立即通知本保险人采用机动车辆保险批单更改，其他方式的更改无效。 2. 保险阅读所附保险条款，特别是有关责任免除和被保险人义务的部分。 3. 保险车辆转卖、转让、赠送他人、变更用途等，应书面通知本保险人并办理批改手续。 4. 发生保险事故后，在 48 小时内通知本保险人。
保险人	公司名称： 公司地址： 邮政编码：　　　　服务电话：　　　　签单日期：　　　　（保险人签章）

核保：　　　　制单：　　　　经办：

三、理赔工作流程

机动车保险理赔是指被保险的车辆在发生保险责任范围内的事故后，保险人依据保险合同对被保险人提出的索赔请求进行处理的行为。机动车保险理赔涉及保险合同双方的权利与义务的实现，是保险经营中的一项重要内容。

机动车保险理赔流程如图 6-8 所示。

机动车保险理赔的具体流程包括：

（1）服务接待人员负责接待客户，了解基本出险情况。

（2）服务接待人员向客户收集理赔基本资料，并检查是否齐全、有效、清晰。

主要资料包括：是否报案、交警证明（《交通事故处理书》）、保户“保险单（正本）”、本车行车证、案件驾驶人的驾驶证、被保人的身份证、计分卡。

（3）服务接待人员与客户签订代办理赔协议书。所有协议都必须车主本人签署（由车主开出授权书后可由第三方代签）。

（4）服务接待人员了解基本情况后，上报理赔组进行跟进核价处理。

（5）理赔员从保险公司出具“核价单”后（如有免赔的保单必须在“核价单”工单注明免赔额度），连同部分办理核价必须使用的理赔资料转交前台主管，主管审核无异议后签名确定（理赔员与前台主管双方必须办理理赔资料交接签收手续），通知前台下“工单”（在“工单”注明“核价单”上的免赔额度），车间进行维修。

（6）车间维修时如有追加项目必须及时联系跟进的前台接车员，由其再通知跟进的理赔员进行重新核价、追加维修项目等处理。

（7）车辆维修完毕，前台接车员联系客户取车（通知客户时必须提醒准备好必须由其负责提供的理赔资料），所有代办的理赔赔案必须在取车前签订代办理赔协议上交部门前台主管连同客户其他理赔资料转交结算员核实，否则结算员可以拒绝放车。

（8）资料核对后，结算员办理收款或让客户在维修清单确认签名，并办理放车手续。

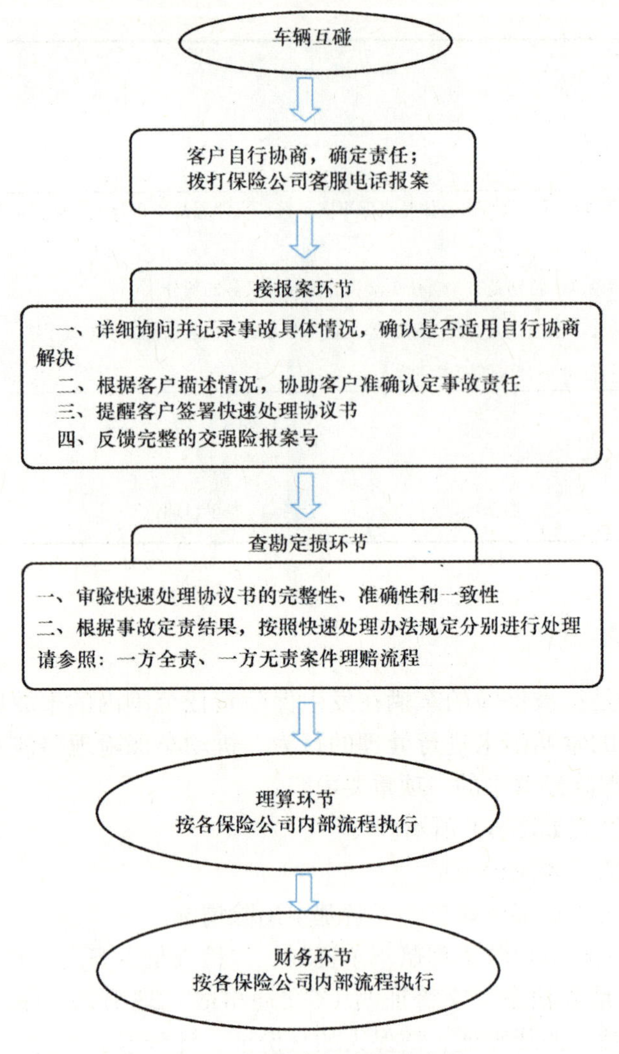

图 6-8 机动车保险理赔流程

（9）所有维修完毕进行结算后的理赔车辆如有旧件回收的必须保管好，由理赔员负责办理保险公司理赔旧件回收确认手续。

（10）在财务开出发票后一定期限内上交保险业务科，由该科负责与保险公司的交案、索取保管回执原件、收款等后续工作并交回执复印件给各财务保管。

回答下列问题

在备选选项中，选出你认为正确的所有答案。

1．下列属于理赔过程中最后的工作环节是（　　）。

A．核保　　B．核赔　　C．检验　　D．理算

2．汽车售后服务企业的保险营销模式属于（　　）。

A．直接业务模式　　B．代理业务模式

C．经纪人业务模式　　D．直销业务模式

3. 下列保险险种可以有免赔规定的包括（　　）。

A. 车辆损失险　　B. 第三者责任险
C. 交通事故责任强制保险　　D. 不计免赔特约险
E. 全车盗抢险

4. 张先生于2004年初购买了一辆家庭自用轿车，为使张先生能尽快用车上路，最少要投保（　　）。

A. 交强险　　B. 车辆损失险
C. 车上责任险　　D. 不计免赔特约险

学习完本项目后，完成下列任务

根据自己的理解，描述汽车售后服务企业可能会涉及的理赔工作流程。

____
____
____
____
____
____
____

任务二　自测表

在教师签字前，你应在教师的帮助下，找出所有的错误，进行改正	
	回答
认识机动车保险的含义及分类	
掌握机动车承保工作流程	
掌握机动车理赔工作流程	

教师签字 ______________ 日期 ______________

学生签字 ______________ 日期 ______________

项目六 学生学习目标检查表

你是否在教师的帮助下成功地完成单元学习目标所设计的学习活动	
	肯定回答
专业能力	
认识汽车保修政策	
正确掌握汽车保修业务流程	
认识机动车保险的含义及分类	
掌握机动车承保工作流程	
掌握机动车理赔工作流程	
关键能力	
你是否根据已有的学习步骤、标准完成资料的收集、分析、组织	
你是否通过标准，有效和正确地进行交流	
你是否按计划有组织的活动？是否沿着学习目标努力	
你是否尽量利用学习资源完成学习目标	

完成情况

所有上述表格必须是肯定回答。如果不是，应咨询教师是否需要增加学习活动，以达到要求的技能。

教师签字 ______________________

学生签字 ______________________

完成时间和日期 __________________

顾客满意度提升与服务管理

项目学习目标

通过本项目的学习，认识顾客满意度提升与服务管理的相关知识，通过实施顾客服务方法、追踪调查来获得提升顾客满意度的能力。其具体表现为：

（1）知道顾客期望、顾客满意及顾客忠诚的含义。

（2）掌握顾客差异化服务和投诉补救程序。

（3）合理实施顾客满意度追踪调查。

项目学习资源

有关汽车售后服务顾客满意度提升的资料，可查询文字或电子文档如下：

（1）相关涉及顾客满意度提升的网页。

（2）各种介绍汽车顾客满意度研究与分析的书籍。

可提供学习的环境和使用的设备

（1）维修接待或模拟维修接待前台工作环境。

（2）安全的工作环境和顾客调查工作场所。

（3）整车车辆。

（4）顾客满意度评定的必要技术文件。

项目学习任务

任务一　认识顾客满意度提升与服务基本原理

任务二　运用服务方法赢得顾客满意度

任务三　顾客满意度追踪调查

学生学习目标检查表

任务一　认识顾客满意度提升与服务基本原理

学习目的

本任务可以帮助你认识顾客满意提升与服务基本原理。

（1）认识顾客满意及满意度概念。

（2）认识顾客忠诚和忠诚度概念。

（3）知道汽车售后服务企业顾客满意服务策略。

学习信息

案例分析

美国有一家维修中心，经营汽车维修已经很多年了，做得很成功。有一次，一位顾客在飞机场旁边把车钥匙锁到了车门里面，进不了车子，就打电话给他们。维修中心马上派了一个工程车和一个技工过去，车上面有制作钥匙的设备。因为现在的车都是有代码的，只要顾客把密码告诉技术人员，就可以按照密码制作出钥匙。所以，技工当场就重新制作了钥匙，为顾客打开了车门。同时，技工还跟顾客说："服务是免费的，我们谢谢你在遇到困难的时候想到我们。"

问题解决以后，维修中心的老板的朋友表示不理解，他说："这样做太蠢了，你知道免费的服务要花掉多少钱吗？"老板回答说："是的，我计算过了，这次的举动我用掉了25美元。但是你别忘了，繁忙时段在收音机做广告，一分钟是700美元。这一分钟过后，没有什么人能够认识我，可是如果我把700美元除以25的话，至少会有28个顾客认识我。"

维修厂或经销店经常会在报纸上做广告。一段小的广告一天可能要好几千块，而且往往没人注意去看。

分析结论

这个案例说明，有时候要对顾客做一些额外的工作。当然，如果是维修发电机、更换电池，都要收一些费用。但是如果是顾客上班时发现车轮胎瘪了，你过去帮忙换个轮胎，这时如果能够做一些免费的工作，就会给顾客留下非常深刻的印象。

一、顾客满意及顾客满意度

顾客满意（Customer Satisfaction）是指顾客对一件产品满足其需要的绩效（Perceived Performance）与期望（Expectations）进行比较所形成的感觉状态。

顾客满意度是对顾客满意做出的定量描述。可简要定义为：顾客对企业产品和服务的实际感受与其期望值比较的程度。顾客满意度是一个变动的目标，能够使一个顾客满意的东西，未必会使另外一个顾客满意，能使得顾客在一种情况下满意的东西，在另一种情况下未必能使其满意。只有对不同的顾客群体的满意度因素非常了解，才有可能实现100%的顾客满意。

顾客对服务质量的满意可以定义为：将对接受的服务的感知与对服务的期望相比较，当感知超出期望时，服务被认为具有特别质量，顾客表示出高兴和惊讶。当没有达到期望时，服务注定是不可接受的。当期望与感知一致时，质量是满意的。服务期望受到口碑、个人需要和过去经历的影响，由于心理因素和情绪方面的原因，有些人很容易就可以产生满足感，有些人特别难以产生满足感。

1. 服务质量要素

服务质量要素是营销研究人员在对几类不同的服务进行充分研究后总结出来的，他们确定了顾客是按构成服务各因素的相对重要性由高到低来判断服务质量的，前面已经描述过汽车维修企业提供给顾客的服务可以有很高程度的定制化，虽然不同的顾客有不同需求，提出要求的服务内容也不相同，但是可以最大限度地找到他们对质量判定的共性，通过大量的样本可以把评价各类服务的质量标准归纳为五个可以量化的基本方面：可靠性、响应性、保证性、移情性和有形性。服务质量要素如图 7-1 所示。

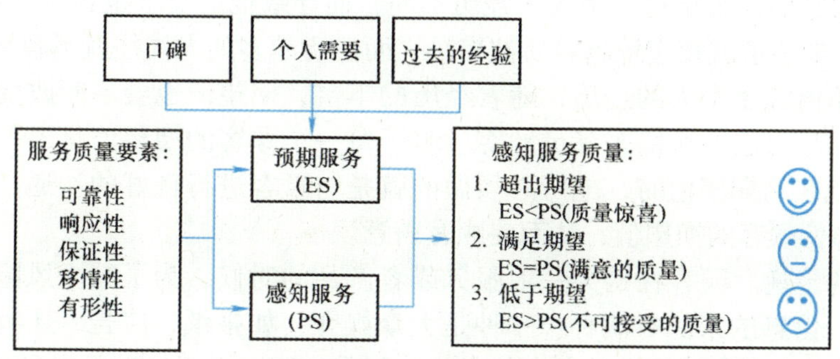

图 7-1　服务质量要素

（1）可靠性。可靠性是指可靠地、准确地履行服务承诺的能力。可靠性的要求时刻发生在顾客要求提供服务时。比如顾客在路边店修车时，对路边店修车的可靠性认可程度是很低的，大故障肯定不敢轻易让路边店为其提供服务，如果顾客把车放在 4S 店修理对其可靠性的认可程度就要高得多。可靠的服务行动是顾客所希望的，它意味着服务以相同的方式、无差错地准时完成，而不是碰运气。

（2）响应性。响应性是指帮助顾客并迅速向他们提供服务的愿望。让顾客等待，特别是无原因的等待，会对质量感知造成不必要的消极影响。出现服务失败时，迅速解决问题会给质量感知带来积极的影响，按照菲利普·科特勒的统计对与顾客发生的异议及时进行处理，会导致顾客重新购买的比例提高 45%，如果处理的结果能让顾客满意，这个比例会提高到 95%。

（3）保证性。保证性是指员工所具有的知识、礼节以及表达出自信与可信的能力。保证性包括如下特征：完成服务的能力，对顾客的礼貌和尊敬，与顾客有效地沟通，将顾客最关心的事放在心上的态度。

（4）移情性。移情性是指设身处地地为顾客着想和对顾客给予特别的关注，换句话说，就是如果自己是有这种要求的顾客，最希望服务人员用什么样的态度来对待自己。移情性有下列特点：接近顾客的能力，敏感性和有效地理解顾客需求。例如，服务员为误车的顾客着想并努力找出解决问题的方法。

（5）有形性。有形性是指有形的设施、设备、人员和沟通材料的外表。有形的环境条件是服务人员对顾客更细致的照顾和关心的有形表现。对这方面的评价（如洁净）可延伸至许多方面。比如，顾客看到的修理工具是否清洁？修理工具是否排放有序？地面是否有各类修理过程残留的油类和积水？更换下来的损坏配件是否随意堆放在工作场地上？管理人员桌面上的计算机是否有灰尘？鼠标及鼠标垫是否干净？桌面上的文件是否摆放整齐？修理工在没有进行修理操作时衣服是否干净等，以上这些都将影响正在接受服务的顾客的行动（如汽车修理店顾客等待室中喧哗的客人）。

顾客从这五个方面将预期接受的服务与已经接受到的服务进行比较，最终形成自己对服务质量的判断。期望值与感知度之间的差距是服务质量的量度。从满意度来看，既可能是正面的也可能是负面的。

2. *顾客期望*

每一个人对他周围的环境、事物、人等几个方面都有一种期望，而这种期望根据个人的情况不同也各不相同。而造成顾客期望值不同的主要原因有：

（1）过去的经历。由于每一个人的经历不同，而导致他的要求也各不一样，相对而言，经历越少的人，期望值就相应地越容易被满足，而经历越多的人往往就不容易被满足。

顾客的期望值源于个人的经历，随着经历的丰富，期望值也会不断改变。对于服务顾问来讲，必须竭尽自己的所能来满足顾客。由于每一个顾客的期望值是不一样的，当服务顾问不能满足顾客的期望值时，他所必须做的就是与顾客进行良好的沟通，说明自身可能提供的服务，降低顾客的期望值，从而使顾客满意。

（2）口碑的传递。顾客在购买一项服务或者产品的时候，为了减少风险，往往会事先收集一些信息。信息的来源有两种：一种是大众媒介，如报纸、广告，还有电视上的宣传等；还有一种就是来自亲朋好友的私人信息，这就是口碑。由于口碑是来自亲朋好友，所以顾客的相信度就会比较高。忠诚的顾客可能形成良好的口碑传播，口碑传播是一种强有力的广告形式。口碑的传递也是导致顾客期望值上升的一个重要原因。

（3）个人的需求。由于每一个人的个性不同，为人处世的方式不同，而导致部分人由于个人的需求而导致期望值的上升。对于车辆维护的顾客来说，第一次就以合理的价格，高效地完成车辆维护就是顾客的个人需求。

由于顾客过去的经历、口碑的传递、顾客个人的需求等几方面的因素形成了顾客的期望值，对一名优秀的服务顾问来说，服务当中的重要技巧就是如何给顾客一个现实、合理的期望值，让顾客的感知超过顾客的期望，从而有效地提高顾客的忠诚度。

对于一位汽车顾客同样如此，在车辆送到维修企业之前，他将对此次维修的情况抱有一种期望，如故障是否能够被消除？企业对待他的态度如何？是否很快消除故障？此次的费用如何？如在消费过程中，车辆故障很快被消除，其期望基本得到满足，那么他对此次的消费行为就会感到满意；如果企业的服务态度好，而且费用能够被顾客接受，则会超过其期望，顾客会感到很满意，反之则会产生不满意。如果消费行为与其期望差得很远，则会产生很不满意甚至抱怨的态度。对于服务企业，要想让顾客满意，那么就应该首先了解顾客的期望。表 7-1 为顾客对车辆维修的期望。

对于售后服务而言，一次性修复率、良好的维修体验、场地环境、合理的收费等都是满足顾客最基本的期望值，但要获得消费者更高的期望值，还需要提供丰富多彩的活动平台、形式多样的沟通渠道，以友好的情感纽带来维系广大的顾客群体，才能够实现顾客满意。

表 7-1　顾客对车辆维修的期望

顾客对车辆维修的期望	具体体现
服务顾问对顾客车辆维修需求积极的响应	✧ 售后服务中心应迅速确定维修预约 ✧ 顾客到达售后服务中心时，能立即得到接待 ✧ 服务顾问表现出了解顾客的需要 ✧ 在开始维修工作前，提供精确的维修费用预算 ✧ 在一个合理时间内，给顾客打电话，给予顾客所希望的关注 ✧ 愿意随时为顾客提供帮助
可靠的车辆修复率	✧ 第一次即用正确的方法将车辆修理好
保证在预计时间并以专业化的方式完成车辆维修	✧ 售后服务中心在一个合理的时间内维修好顾客的车辆 ✧ 售后服务中心应通知顾客有关维修项目的任何变更或额外的必要维护 ✧ 售后服务中心应通知顾客有关车辆维修完成时间的任何变更 ✧ 售后服务中心应让顾客在较方便的时间取车 ✧ 维修人员在维修过程中，应保持顾客车辆的清洁 ✧ 交车时应向顾客说明所实施的全部维修项目和费用 ✧ 交车时向顾客提供车辆将来所需要的维修维护建议
对出现的问题或顾客所关注的事项做出迅速反应	✧ 顾客针对有关事项与售后服务中心第一次联系时，立即做出答复或解决顾客所关注的问题 ✧ 售后服务中心应向顾客提供清晰有益的建议 ✧ 售后服务中心应严格履行对顾客所做的承诺
售后服务有形设施展示	✧ 售后服务中心要提供舒适、整洁的休息环境，有配套休闲设施 ✧ 售后服务中心的人员服务品质要符合顾客的要求

3. *顾客满意级度*

顾客满意级度是指顾客在消费相应的产品或服务之后，所产生的满足状态等次。如前所述，顾客满意度是一种心理状态，是一种自我体验。对这种心理状态也要进行界定，否则就无法对顾客满意度进行评价。心理学家认为，情感体验可以按梯级理论进行划分若干层次，相应地可以把顾客满意程度分成七个级度或五个级度。

七个级度为：很不满意、不满意、不太满意、一般、较满意、满意和很满意。

五个级度为：很不满意、不满意、一般、满意和很满意。

管理专家根据心理学的梯级理论对七梯级给出了如下参考指标，具体见表 7-2。

表 7-2　顾客满意级度

顾客满意程度	状态特征	具体行动
很不满意	愤慨、恼怒、投诉、反宣传	很不满意状态是指顾客在消费了某种商品或服务之后感到愤慨、恼羞成怒难以容忍，不仅企图找机会投诉，而且还会利用一切机会进行反宣传以发泄心中的不快
不满意	气愤、烦恼	不满意状态是指顾客在购买或消费某种商品或服务后所产生的气愤、烦恼状态。在这种状态下，顾客尚可勉强忍受，希望通过一定方式进行弥补，在适当的时候，也会进行反宣传，提醒自己的亲朋不要去购买同样的商品或服务
不太满意	抱怨、遗憾	不太满意状态是指顾客在购买或消费某种商品或服务后所产生的抱怨、遗憾状态。在这种状态下，顾客虽心存不满，但想到现实就是这样，要求不是过高，于是认了
一般	无明显正、负情绪	一般状态是指顾客在消费某种商品或服务过程中所形成的没有明显情绪的状态，也就是对此既说不上好，也说不上差，还算过得去

（续）

顾客满意程度	状态特征	具体行动
较满意	好感、肯定、赞许	较满意状态是指顾客在消费某种商品或服务时所形成的好感、肯定和赞许状态。在这种状态下，顾客内心还算满意，但按更高要求还差之甚远，而与一些更差的情况相比，又令人安慰
满意	称心、赞扬、愉快	满意状态是指顾客在消费了某种商品或服务时产生的称心、赞扬和愉快状态。在这种状态下，顾客不仅对自己的选择予以肯定，还会乐于向亲朋推荐，自己的期望与现实基本相符，找不出大的遗憾所在
很满意	激动、满足、感谢	很满意状态是指顾客在消费某种商品或服务之后形成的激动、满足、感谢状态。在这种状态下，顾客的期望不仅完全达到，没有任何遗憾，而且可能还大大超出了其自身的期望。这时顾客不仅为自己的选择而自豪，还会利用一切机会向亲朋宣传、介绍推荐，希望他人都来消费之

总之，五个级度的参考指标类同顾客满意级度的界定是相对的，因为满意虽有层次之分，但毕竟界限模糊，从一个层次到另一个层次并没有明显的界限。之所以进行顾客满意级度的划分，目的是供企业进行顾客满意程度的评价之用。

二、顾客忠诚与顾客忠诚度

1. 顾客忠诚

顾客忠诚是指消费者在进行购买决策时，多次表现出来的对某个企业产品或品牌有偏向性购买行为。

对于汽车维修企业，顾客的忠诚度是指总是回到经销店或者维修企业来购买新车或者备件、进行车辆维修，也就是顾客忠诚的程度。当服务顾问向顾客提供的优质服务使顾客满意的时候，顾客会再回到经销店来重复购买，这种顾客叫做忠诚的顾客。

2. 顾客忠诚度

（1）顾客忠诚度。顾客忠诚度指顾客忠诚的程度，是一个量化概念。顾客忠诚度是指由于质量、价格、服务等诸多因素的影响，使顾客对某一企业的产品或服务产生感情，形成偏爱并长期重复购买该企业产品或服务的程度。

忠诚顾客保留时间长，并且会从企业购买更多的商品和服务，能增加企业的收益；忠诚的顾客流失率低，根据赖克海德和萨瑟的理论，一个企业如果将其顾客流失率降低5%，其利润率就能增加25%～85%。无论在高度竞争的行业还是低度竞争的行业，顾客的高度满意都是形成顾客忠诚的必要条件，而顾客忠诚度对顾客的行为中无疑会起到巨大的影响作用。例如顾客购买了某品牌的车辆，当顾客回去做第一次维护的时候，服务顾问通过专业化的服务使顾客有一个愉快的维修经历，然后他就会回到经销店，再次购买该品牌的配件和该品牌的服务；最后，如果顾客要买第二辆车，他还会回到该品牌这里买新车，这就是顾客忠诚的良性循环。

（2）顾客忠诚度的培养阶段。企业的营销目标与其说是使顾客“满意”，不如说要使他们“非常满意”。据世界一位权威学者实证调查发现：只有“非常满意”的顾客才可能成为企业的品牌忠诚者，而那些对企业产品与服务表示“满意”的顾客，仍然有70%的人购买竞争者的产品。如果企业仅仅达到顾客的期望值，使其“满意”，可赢得顾客；但要留住顾客，塑造他们的品牌忠诚，就必须超越期望值，使其“非常满意”。所以，培养品牌忠诚就必须进行不间断的顾客满意度管理与控制，追求顾客“非常满意”的营销目标。

顾客忠诚度可以分为以下几个阶段：

1）怀疑者。他是指市场上所有消费者，包括没有注意到产品的顾客和没有购买意图者。

2）潜在顾客。他是指有可能成为顾客的购买者，感受到产品，但没有行动者。

3）一次性顾客。他主要指一次交易的顾客，对公司没有忠诚可言。

4）长期顾客。他是指反复交易的顾客，对公司有忠诚感，但只是被动的购买，没有其他主动行为（公司利润从这里开始产生）。

5）支持者，积极支持和向其他人推荐本公司及产品的顾客。

6）合作者，结成互惠互利的关系，持久维持。

顾客最关心的就是服务的质量，实际上服务的过程就是一个服务接待的过程，这个接待过程被分为从接待顾客、理解顾客、帮助顾客，到最后如何留住顾客。这四个阶段是整个服务循环图（图 7-2）中的四大步骤。为留住顾客，企业应设立专门的关系经理，负责与顾客的沟通与联系，维护与顾客之间长期、稳定、良好的价值关系，这是培育品牌忠诚的制度措施。服务顾问不仅要赢得顾客，还要能够留住顾客，培育顾客品牌忠诚的任务。

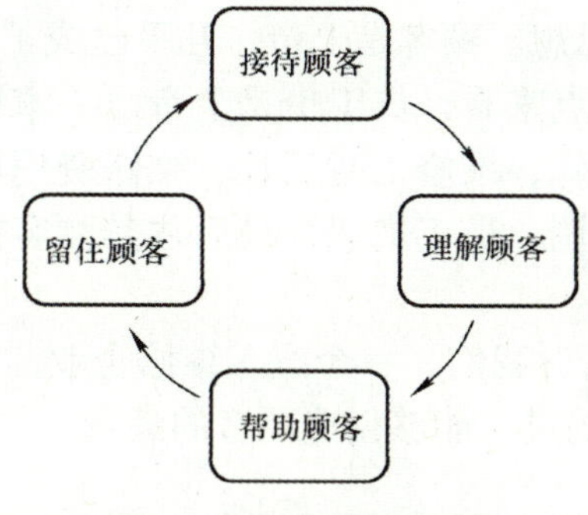

图 7-2　顾客服务循环图

（3）顾客忠诚度的培养成本。调查表明吸引一个新顾客，要比留住一个老顾客的成本多五倍。吸引新顾客的成本主要包括广告、促销、员工花费的时间、直接邮寄、拜访、打电话、邮资与管理费用等。

三、顾客满意理念

1. 顾客满意理念的内涵

顾客满意理念（Customer Satisfaction，CS），即企业的全部经营活动都要从满足顾客的需求出发，以提供满足顾客需要的产品或服务作为企业的责任和义务，以满足顾客需要，使顾客满意作为企业的经营目的。

顾客满意理念是对以“消费者为中心”理念的发展，它要求企业把顾客的现实需求与潜在需求作为企业开发产品和服务项目的源头，并在市场营销全过程及其各个环节中都要尽最大可能满足消费者需求，并且要及时跟踪研究顾客的满意度，据此设立改进项目和目标，调查企业的经营环节，以此稳住老顾客，扩大新顾客群。

2. 汽车售后服务企业顾客满意服务策略

现代企业实施顾客满意的服务战略的根本目标，在于提高顾客对企业生产经营活动的满意度。要真正做到这一点，则必须切实可行地制订和实施如下策略。

（1）“顾客第一”的观念。实施顾客满意理念战略，推行顾客满意理念经营，首先必须确立“顾客第一”的观念。“顾客第一”还是“利润第一”，在人们的脑海里曾经一度是相互对立的两种经营观念。但是，随着商品经济的发展，买方市场的形成，市场发育的完善和营销观念的深入，人们渐渐意识到这两者实际是统一的。任何一个企业都是以追求经济效益为最终目的的，然而，如何才能实现自己的利润目标呢？从根本上说，就是首先必须满足顾客的需求、愿望和利益，才能获得企业自身所需的利润。所以，企业在生产经营活动的每一个环节中，都必须眼里有顾客，心中有顾客，全心全意地为顾客服务，最大限度地让顾客满意。这样，才能使企业在激烈的市场竞争中增加活力，从而获得持久的发展。

（2）“顾客总是对的”的意识。顾客满意理念经营中蕴涵着“顾客总是对的”这一意识。当然，这不是绝对意义上的一种科学判断，也不一定符合客观实际。然而，在企业与顾客这种特定的关系中，只要顾客的错不会构成企业重大的经济损失，那就要将“对”让给顾客，这是企业顾客满意理念意识的重要表现。“得理也让人”，既是顾客满意理念对员工服务行为的一种要求，也是员工素质乃至企业素质的一种反映。

（3）“员工也是上帝”的思想。顾客是上帝，几乎已成了汽车维修企业家的口头禅。然而，从顾客满意理念战略的观点来看，员工也是上帝。一家维修企业效益滑坡，首先反映在车辆返修率高、服务质量下降、维修工时延长、维修费用增加等方面。这意味着员工工作时情绪不愉快，各部门不协调。员工抱怨，最后才是顾客抱怨。只有做到员工至上，员工才会把顾客放到第一位。

“员工也是上帝”的思想告诉我们，一个汽车维修企业，只有善待自己的员工，这样他们才会善待企业的顾客，满意的员工能够创造顾客的满意。

学习完本任务后，完成下列任务

1. 判断下面说法的正确性，请在对应的“□”中打上“√”。

（1）顾客满意度是一种心理状态，是一种自我体验。

正确 □ 错误 □

（2）由于顾客过去的经历、口碑的传递、顾客个人的需求等几方面的因素形成了顾客的期望值。

正确 □ 错误 □

（3）赢得顾客就能够留住顾客，培养了顾客的品牌忠诚度。

正确 □ 错误 □

（4）调查表明吸引一个新顾客，要比留住一个老顾客的成本多五倍。吸引一个新顾客的主要费用包括广告、促销、员工花费的时间、直接邮寄、拜访、打电话、邮资与管理费用等。

正确 □ 错误 □

（5）从顾客满意理念战略的观点来看，不仅仅“顾客是上帝”，管理者应树立“员工也是上帝”的思想，因为只有做到员工至上，员工才会把顾客放到第一位。

正确 □　　　　　　　　错误 □

2. 当顾客从第一次购买公司产品到不断购买公司产品时，需要经历几个阶段忠诚度培养？其培养的手段有哪些？

____

____

____

____

3. 当顾客成为公司的合作者时，他都会是给出“非常满意”等级的评分吗？为什么？

____

____

____

____

任务一　自测表

在教师签字前，你应在教师的帮助下，找出所有的错误，进行改正	
	回答
认识顾客满意及满意度概念	
认识顾客忠诚和忠诚度概念	
知道汽车售后服务企业顾客满意服务策略	
教师签字 __________ 日期 __________ 学生签字 __________ 日期 __________	

任务二　运用服务方法赢得顾客满意度

学习目的

本任务可以帮助你认识汽车售后服务企业服务差异化服务策略，合理地运用差异化服务方法以及顾客投诉程序。

（1）知道顾客服务特性与关系。
（2）知道售后服务企业的差异化服务策略。
（3）运用顾客投诉处理流程处理顾客投诉。

学习信息

只有服务的理念、服务的热情，却没有完美的服务效果，这是目前汽车售后服务企业面临的主要问题。提高服务技能与服务技巧，提升汽车售后服务企业的服务质量，尽快达到或者超越顾客的需求底线，应是企业快速提升顾客满意度的重要捷径。

一、顾客服务特性与关系

服务具有无形性、异质性、不可分割性和易逝性等特点。

1. 顾客服务特性

（1）服务的无形性。服务本来是一种无形产品，是人的一种心理感应，是一种绩效或行为，而不是实物。无形化的服务做有形化的展示是指通过有形的设施、设备以及服务人员对顾客更细致的照顾和关心的有形表现。汽车服务企业应通过向顾客提供优质的服务体验或额外的服务来获得顾客满意度。服务的有形性展示如图 7-3 所示。

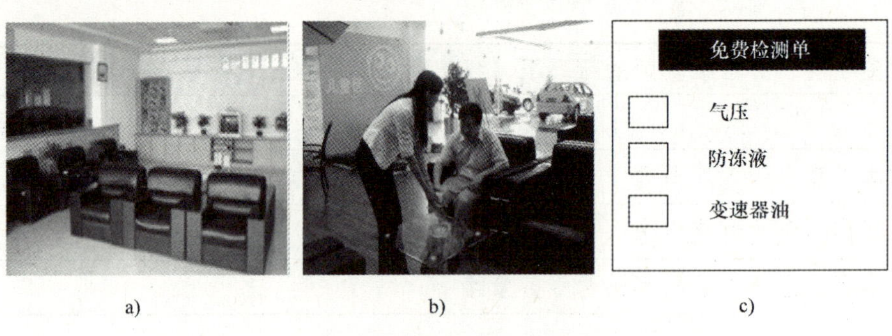

a)　　b)　　c)

图 7-3　服务的有形性展示

a）舒适的顾客休息室　b）热情的接待服务　c）免费检测单

（2）服务的异质性。对于许多服务业企业来说，必须在顾客到达的几分钟内做出响应。服务提供者由于个性化差异，对服务的理解及提供的方式有较大的区别。服务本身是可变性很强的，服务质量取决于服务人员、时间、地点和方式，所以针对汽车维修服务企业应推进标准化流程，使用可量化的行为标准来规范服务顾问的行为（例如，上海大众的“服务核心过程”、丰田的“关怀顾客的七步法”等），从而提高顾客满意度。

（3）服务不可分割性。服务的不可分割性，即服务本身无法和服务提供者分割开来，很多服务、创造、传递和消费是同时进行。要求顾客和服务人员都必须了解整个服务传递过程，才能实现顾客的真正满意，但是在服务中很难实现两者之间的全过程的不可分割。因此，服务中产生差错是不可避免的，但重要的是对产生差错进行服务补救。首先重视顾客问题，承认问题的存在，分析失误的原因，对服务失误进行评估，并能在恰当的时候对顾客道歉。其次是建立一个服务补救预警系统，在问题出现前预见问题并予以避免。再次有效处理顾客抱怨和投诉，顾客投诉是发现服务失误的一个重要来源，必须设计方便顾客投诉的程序，引导顾客投诉。最后尽快解决问题，一旦发现服务失误，服务人员必须在失误发生的同时迅速解决失误，防止失误升级。

（4）服务的易逝性。服务是不可储藏的，不能贮存以供今后销售或使用，顾客通常是随机到达的，就使得短时间内的需求有很大的不确定性，因此服务业企业要想保持需求和能力的一致性，难度是很大的。例如，维修车间可以通过维修预约提高服务效率，另外可以为预约顾客做好充分的服务前期的准备工作。

2. 顾客与企业员工服务关系

在服务行业以往人们习惯把顾客称为“上帝”，而汽车维修行业认为将顾客当成朋友更为合适。由于汽车结构复杂、维修难度大及相关知识的多样性，顾客也愿意与企业交朋友。但是，人与人的需求都存在差异，因此，在维修服务中处理好企业（员工特别是服务顾问）与顾客的人际关系，不论在任何时候、任何地方都十分重要。处理人际关系要相互尊重，从而达到互相满意，这就是“双胜无败原则”。针对顾客与企业四种不同的关系采用不同的服务策略，具体如下：

（1）顾客的行为与员工的行为都正确。使顾客得到最想得到与应该得到的利益，使员工也得到最想得到与应该得到的利益，大家的需求都得到了满足，在人际关系的处理上大家都赢得了胜利。这是处理人际关系的最高境界与最好结局。作为企业，顾客与员工能处成这种最高境界的人际关系，则顾客会成为“常客”“回头客”，员工也能满足其心理需求，企业就能宾客盈门，获得良好的经济效益与社会效益。

（2）顾客的行为与员工的行为都不正确。顾客没得到应有的利益，从此不但不再光临，而且造成很差的口碑效应，而员工的不正确行为将导致企业门庭冷落，最终被激烈的市场竞争无情地淘汰，员工与企业也将最终丧失自己应该获得的利益。这种双败无胜的结局是最差的境界，最坏的结局。顾客与员工从内心来说都不希望出现，并努力想避免这种结局。

（3）顾客正确、员工不正确。从顾客角度来分析，顾客付了钱，要求获得优质服务的要求是正确的、应该的。但由于企业与员工一方的种种原因，导致顾客的利益获得受阻，造成心理失望。主要有主观原因和客观原因：

1）员工主观上的原因：

① 在工作态度上，对客人冷漠、消沉或者焦躁、粗暴，表现在工作上为懒散、马虎，敷衍塞责，得过且过。

② 在言语上，使用不文明、不文雅、过于随便的言语与不恰当的体态语言。

③ 在服务技能上，生疏、笨拙、毛手毛脚。

④ 在工作效率上，动作缓慢、反应迟钝、等待时间长。

⑤ 在对客交际上，忽视文化差异、冒犯客人忌讳，表现在服务质量上为标准太低等。

2）企业客观上的原因：

① 服务项目太少，为顾客服务的设施老化、不完善，质量低劣，不能发挥正常的服务功能，或者与顾客交际过程中出现的一些误会等原因。服务有缺陷，顾客肯定不满意。

② 从功能上说，没解决实际问题，没把事情办好。

③ 从经济上说，顾客没得到应有的享受，有“吃了亏”的感觉。

④ 从心理上说，顾客没得到尊重。由于功能、经济、心理三方面的原因，会引起失望，顾客以种种形式表现出“逃避反应”行为或“攻击反应”行为。

顾客的“逃避反应”行为似乎不采取任何公开行为，至多摇头叹气自认倒霉。这样，企业不知不晓，似乎很幸运，逃过了顾客的投诉与索赔。实际上掩盖了企业管理与服务上的问题，失去了一次发现问题、改进产品质量的良机。顾客选择“攻击反应”行为来排泄心中不满，这种“攻击反应”是非公开的行动，采取“暗中报复”手段。他们不仅决定本人从此不再光临，而且还会在亲朋中宣传自己不愉快的经历，使企业的形象与声誉受损。这种行动也可以是公开行动，最常见的是投诉，填写意见书，或向大众媒体投诉，这种情况是企业最不愿看到的。

（4）顾客不正确、员工正确。员工既然是人对人服务，那么顾客由于利益、认识差异等原因，与员工之间发生矛盾甚至冲突在所难免，而在那些矛盾与冲突中，员工选择了极力满足顾客的期望或正确劝导顾客的无理要求。员工忍受委屈，全心投入的工作，可能会让顾客满意，也可能让顾客不满意。但员工的努力将顾客不满意度降到了最低点，企业可设立“委屈奖”，以安慰和鼓励员工。

综上所述，汽车售后服务企业与顾客之间应该争取“双胜无败”的最好结局，避免出现“双败无胜”的局面。当企业解决了顾客的问题，成功地建立起顾客的信心时，原本生气的顾客可能会成为一位忠实的顾客。换句话说：满意的顾客将经常光顾企业产品的经销商；满意的顾客将会向他们的亲朋好友推荐企业的经销店（品牌）。

二、售后服务企业的差异化服务策略

要想达到满足顾客的各种需求，就必须熟悉顾客，了解顾客，即要调查他们现实和潜在的要求，分析他们购买的动机和行为、能力及水平，研究他们的消费传统和习惯、兴趣和爱好，只有这样，企业才能科学地顺应顾客的需求走向，确定产品的开发方向。因此，差异化服务策略是实现顾客满意度的有效举措。

1. 专享顾客与服务顾问一对一

专属制的实施，是指企业把现有顾客资源按照服务顾问人数进行划分，每个服务顾问都有专管的部分顾客名单，在服务流程方面从预约、接待、维修过程跟进、结算的全过程由专属服务顾问进行接待。维修完毕后由服务顾问进行回访，客服部进行监督。

该服务策略的优点：专属化后服务顾问的工作方向及绩效关联更明确，对专属顾客服务更到位，提醒及时沟通更畅通。个人业绩与接待工作的成效更明确。

该服务策略的缺点：服务顾问的数量不够时，容易混淆。顾客预约服务应形成习惯。

2. 配合企业会员俱乐部和VIP顾客的来访

除丰富顾客休息区原有功能外，增加包括影音休闲、台球、咖啡吧台、精品选购、网上冲浪等功能区丰富维修等待过程。例如可针对地区特点，对车辆维修单次超过3 000元的顾客，赠送足浴抵用卷一张或其他优惠。此举大大方便顾客，使顾客在维护的同时获得休闲享受。

该服务策略的优点：方便为本，让顾客感受到超越期望的服务享受。

该服务策略的缺点：硬件投入较大。

3. 为顾客制订维修服务优惠套餐

企业可以把品牌系列车型固定维修里程、维护检查、更换配件及服务内容编制成顾客容易接受的服务套餐方式，把烦琐的服务套餐变得简单明了，由服务顾问进行提醒后顾客清晰明了，且执行优惠套餐价格，以方便顾客维修维护的“傻瓜”式套餐。

该服务策略的优点：“傻瓜”式套餐服务既简单又优惠，实惠到家受到顾客好评。

该服务策略的缺点：套餐后的企业产品及服务销售价相对下降，但整体提高了顾客满意度。

4. 维修过程安装电子看板及闭路监控系统

安装监控车间先进维修过程的电子看板管理系统和电视闭路监控系统，让顾客在维修接待室便知道自己车辆维修全过程，并且知道自己车辆在那个维修阶段，让顾客以最简单的方式获得相关信息，在完全完成后以短信息方式通知顾客前往前台结算提车。

该服务策略的优点：提高顾客满意度，增强维修过程控制及管理，让车主安心维修减少进入车间机会，既减少安全事故同时也可提高顾客维修的电子化管理程度。

该服务策略的缺点：初次投入成本比较高。

5. 双顾问接待制

在车辆入场时安排两个服务顾问进行跟进车辆维修全过程，提高接待等待时间，原则上配备一个技术接待、一个维修接待，在判断问题的同时确认故障问题，减少车辆在维修判断方面的时间。维修过程中由技术接待跟进车辆维修过程的进度并每半小时通过业务接待向车主进行反馈直至维修完毕送客离店。

该服务策略的优点：提高维修过程及接待过程的周期，确保维修进度把握；提高顾客接待满意度。

该服务策略的缺点：人员配备在车辆不多的情况下显得偏多。

6. 向顾客提供代步用车

根据顾客车辆维修情况，由于订购配件或重大事故的情况下，由保险公司或维修企业出资或提供代步用车，待维修车辆修好后再调换回来。在租用车辆前交纳一定的质押金，车辆收回后在 10 个工作日后返回该款项，主要用于顾客在使用过程中造成违章等费用的处罚金。

该服务策略的优点：为顾客着想，在顾客车辆维修过程中由保险公司或维修企业为顾客提供车辆，提高其方便程度，增加顾客满意度。

该服务策略的缺点：车辆代步过程中及停止不用时造成成本增加。

经过以上差异化服务的准备和试行，使销售和服务获得广大顾客的好评、赞赏、鼓励，企业从一定程度上增加了新车销售数量和精品销售的数量和销售额。在售后方面改变了顾客以往对维修接待过程中等待的无聊情绪，增加维修等待的情趣，不仅增加了维修营业额，同时顾客对车辆的修理过程更为满意。提高顾客满意度，在取得良好社会效应的同时获得良好的经济收益。

三、顾客投诉与服务补救

1. 顾客投诉与服务补救概念

（1）顾客投诉。顾客投诉是顾客对产品或服务不满意，或认为自己的合法权益受到侵害而向企业、政府或第三方管理机构提起投诉以讨回公道的行为。

美国哈佛大学技术支持研究项目（Technical Assistance Research Programs，TARP）经过研究发现，在批量购买中，重购率的比例为：未提出批评的顾客为 9%；抱怨未得到解决的为 19%；抱怨得到解决的为 54%；抱怨得到快速解决的达到了 92%。从这组数据中也可以得出这样一个结论：任何服务都不可能是十全十美的，如果顾客不抱怨并不证明是好事，也许服务质量问题严重到顾客根本不相信企业能改正的地步了，所以顾客选择了不再购买而不是抱怨，有抱怨的即使不解决他们的抱怨，重复购买的比例还要大于没有抱怨的，顾客的抱怨证明他们希望企业的服务能再提高质量，属于基本满意的。

（2）服务补救。服务补救（Service Recovery）是指当服务失误发生后，服务提供方针对顾客的抱怨内容和不满意的程度所采取的反应和行动，也可称之为对顾客抱怨的处理。

正确的顾客抱怨及投诉处理措施对企业收入和利润增长的影响是巨大的和长期的，服务补救的投资回报率在不同的行业中可达到30% ~ 150%。

2. 顾客投诉的四种诉求

（1）希望被认同、被尊重。顾客需要服务顾问对他表现出关心与关切，而不是感觉不理不睬或应付。顾客希望自己受到重视和善待。他们希望与其接触的人是真正关心他们的要求或能替他们解决问题的人，顾客需要理解的表达和设身处地的关心。

（2）希望有人聆听。顾客需要公平的待遇，而不是埋怨、否认或找借口。倾听可以针对问题找出解决之道，并可以训练服务人员远离埋怨、否认、借口。

（3）希望得到补偿。顾客需要明白与负责的反应，需要一个能用脑而且真正肯为其用脑解决问题的人，一个不仅知道怎样解决，而且负责解决的人，并且能够得到相应的补偿。

（4）希望迅速反应。顾客需要迅速与彻底的反应，而不是拖延或沉默。顾客希望听到“我会优先考虑处理你的问题”或“如果我无法立刻解决你的问题，我会告诉你我处理的步骤和时间”。

3. 顾客投诉处理流程

处理投诉的基本流程有七个步骤，如图7-4所示。每一个步骤具体操作要点见表7-3。

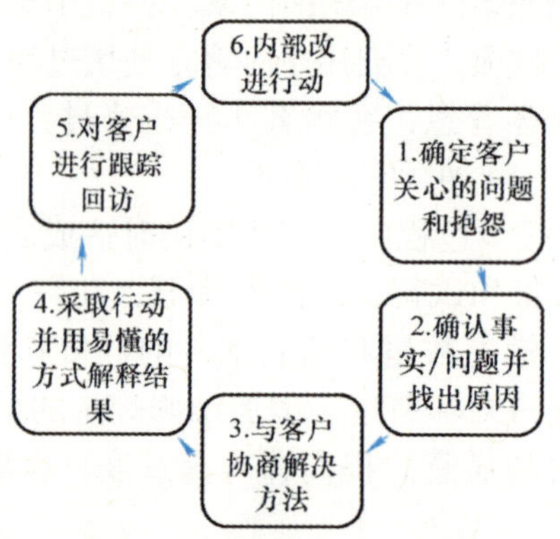

图7-4 顾客投诉处理流程

表7-3 顾客投诉处理要点

流程步骤	具体内容	话术及操作要点
1. 确定顾客关心的问题和抱怨	➢ 对给顾客带来的不便，表示道歉 ➢ 谈话时保持冷静，让生气的顾客平静下来 ➢ 用开放式提问来确定和记下问题，力求找到顾客真正的目的或者使他生气的真正原因 ➢ 用封闭式提问，确定顾客关心的问题，请顾客重述你没理解的要点 ➢ 用你自己的语言总结抱怨的内容，并验证你对问题真正理解的正确性	✓“对给您带来的不便，我很抱歉。” ✓ 充满感情地倾听顾客抱怨 ✓ 避免指出顾客的错误或谴责顾客 ✓ 如遇到严重的抱怨，请与售后经理联系 ✓ 如果需要，可到安静的地方详谈，不仅显示你对顾客的重视，而且不必担心干扰其他顾客

（续）

流程步骤	具体内容	话术及操作要点
2. 确认事实 / 问题并找出原因	➢ 确认车辆上出现的症状 ➢ 认真检查车辆，查阅过去的维修记录，或与顾客一起再次路试，找出问题所在，判定责任是维修厂的还是顾客造成的 ➢ 对事件做出评估，并向顾客解释	✓ 给予顾客足够的重视和关注 ✓ 注意对事件全过程进行仔细询问，语速不宜过快，要做详细的投诉记录 ✓ 立即采取行动，协调有关部门解决
3. 与顾客协商解决方法	➢ 向顾客解释车辆故障原因，以及将采取的措施及时间，征求顾客同意 ➢ 如果是维修厂的过失，不要辩解，为错误向顾客道歉 ➢ 若是顾客的过失，以委婉而有礼貌的态度告诉他故障发生的原因，建议防止这类故障再发生的办法 ➢ 估计顾客的接受程度，直接询问顾客如何修改解决办法，以保证顾客满意	✓ 不得与顾客争辩或一味寻找借口 ✓ 注意解释语言的语调，不得让顾客有受轻视、冷漠或不耐烦的感觉 ✓ 换位思维、易地而处，从顾客的角度出发，作合理的解释或澄清 ✓ 不得试图推卸责任，不得在顾客面前评论企业、其他部门或同事的不是
4. 采取行动并用易懂的方式解释结果	➢ 根据投诉类别和情况，立即采取措施，如果是简单维修，尽可能请顾客在场 ➢ 向顾客解释已经采取的补救措施 ➢ 感谢顾客使你注意到这些问题，从而可以改进工作 ➢ 离开接待室前，确信顾客对结果满意	✓ 在没有彻底了解清楚顾客所投诉的问题时，不得马上将问题转交其他同事或相关部门 ✓ 注意关注顾客的期望，限时提出解决问题的方法
5. 对顾客进行跟踪回访	➢ 按时限及时将需要后台处理的投诉记录传递给相关部门处理 ➢ 在两天内进行电话回访，了解顾客对投诉是否满意 ➢ 如果不满意，则应回到适当的步骤，重新处理	✓ 遵循电话礼仪拨打电话 ✓ 关心询问顾客对处理结果的满意程度
6. 内部改进行动	➢ 追踪和分析问题的根源，确保完成行动计划，以防问题再次发生	✓ 避免寻找替罪羊 ✓ 用“跟踪记录”“返修记录”来记载此事件，用于以后工作的参考

4. 投诉处理原则

投诉处理的原则应遵循以下六点：

（1）对于顾客投诉，必须专人负责，及时处理，随时汇报进度。

（2）当顾客出现投诉时，售后服务人员必须在 30min 内与顾客取得联系，了解情况。

（3）对于重大质量问题、特殊顾客（如媒体工作者、政府机关人员、社会知名人士等）或新提车顾客（购车时间在 2 日之内或车辆行驶里程在 200km 之内的顾客）的投诉，应及时向总经销商售后服务部汇报。

（4）售后服务企业必须善于利用自身资源，把可能给汽车品牌和经销商造成的不良影响降到最低。

（5）因自身服务引起的投诉，售后服务企业应积极处理，防止事态扩大，总经销商服务部将给予技术上的支持。

（6）对于总经销商售后服务部和顾客服务中心反馈给各经销商的投诉，要求由各经销商充分重视，由售后负责人亲自督办，并及时反馈投诉处理的进展情况。

四、赢得顾客满意的其他方法及途径

服务企业要从组织机构上建立起“以顾客服务中心为前台”的新型服务模式，构建起一个进行统一顾客管理的服务平台，顾客只需要和顾客服务中心打交道，就可以解决所有问题。同时，顾客服务中心作为一个信息岛，对企业各个部门的信息资源进行统一管理，包括信息的储存、更新与传递。因此，部门间的资源共享、适时沟通、协同工作都可以依靠顾客服务中心实现，它的建设使企业可以更迅速、更方便地解决顾客问题，满足顾客需求。

1. 建立免费、方便的顾客联系通道

企业跟顾客之间建立方便的、免费的联系通路，往往能把各种潜在品牌危机消灭在萌芽状态。一个正常的顾客如果对产品有意见和看法，第一反应是要找企业解决问题，如果找不着企业，或者找到以后企业推诿责任，这个时候更大的品牌危机事件就会出现。

2. 提供主动、细腻的服务

主动、细腻的服务给顾客一种品牌信任感，是培育品牌忠诚的重要途径。有些品牌差异本质上并不是产品质量差异，而是服务差异。目前，在品牌服务方面做得比较好的企业，已经呈现出明显的特点。特点之一是从被动向主动方向发展。被动的服务做得再好，充其量是“满意”，而主动回访往往使顾客“非常满意”。

3. 追踪顾客对品牌情感

顾客是健忘的，购买周期通常是一个非常危险的时期，对于曾经的顾客如果不及时强化感情，就很容易流失。在具体操作中可利用客户资料对顾客进行情感追踪，在顾客生日、结婚纪念日、圣诞、新年等给他寄去贺卡；及时向顾客通报企业与市场动态，对于重要顾客在需求高峰期到来之前，询问是否预定产品；举办大型文化活动，邀请老顾客参加；邀请顾客参观与试用新产品；对老顾客成立专门的俱乐部或联谊会，定期举办各种联谊活动，经常向他们赠送带有品牌文化特色的小礼品等。

4. 实施会员制

对品牌会员，每一次购买都有折扣，如果忠诚品牌可使其获得足以打动他的实惠，顾客就会形成品牌忠诚。企业通过利益机制强化顾客品牌忠诚，从表面看似乎利益损失了，但是实际上省去了企业说服新顾客的成本——赢得新顾客成本实在是太高了。所以，会员制降低企业与顾客的市场交易成本是一种双赢。

会员制品牌忠诚方案实施中要注意以下几点：

（1）提供科学的折扣率。折扣太大，企业有利润损失；折扣太小，不足以打动顾客成为品牌忠诚会员。因此，研究需求价格弹性，通过实证测试确定科学折扣率是其重要的一环。

（2）会员制方案要简单明了。没有顾客会耐心琢磨一个特别复杂的会员制方案。会员方案要做到什么程度呢？就是“傻瓜”也能看出来如何成为会员。

（3）使顾客容易取得成为会员资格。有的企业要求顾客把购物小票积累到若干张就会成为会员。顾客往往没有耐心积累，要尽可能把成为会员的时间缩短。

5. 提高转换成本

转换成本（Switching Cost）是指当买者从一个供应商向另一个供应商转换所面临的一次性成本。通常对于特定产品，用户一旦使用后就不再轻易更换另一种类似的产品，因为换用其他产品需要付出代价，这种代价可能来自于人们的习惯，也可能来自掌握这种产品使用方法所需的学习成本和添加新辅助设备成本，还可能来自于寻找替代产品所花费的机会成本及认知风险等。

当然，顾客转换成本越高，他们对企业的品牌就越可能忠诚。转换成本其实是堵截顾客流失的壁垒。聪明的企业总是尽可能通过技术壁垒提高顾客转换成本——这是极为有效的方法。同时，复杂的交易程序壁垒、不确定性风险壁垒以及学习和情感壁垒都是可以经常使用的方法。

学习完本任务后，完成下列任务

1. 判断下面说法的正确性，请在对应的“□”中打上“√”。

（1）服务具有无形性、异质性、不可分割性和易逝性等特点。

正确　□　　　　错误　□

（2）差异化服务策略是实现顾客满意度的有效举措。例如，车主在维修维护中强调互动式的接待方式、延长汽车保修计划、公布维修维护的利润空间等。

正确　□　　　　错误　□

（3）任何服务都不可能是十全十美的，如果顾客不抱怨并不证明是好事，也许服务质量问题严重到顾客根本不相信企业能改正的地步了，顾客的抱怨证明他们希望企业的服务能再提高质量，属于基本满意的。

正确　□　　　　错误　□

（4）服务补救会增加成本，影响了短期利润的实现，若本行业顾客流通性强、流量大，不需要特别在意顾客的忠诚度，而且即使部分顾客流失对企业的影响也不大。

正确　□　　　　错误　□

（5）顾客投诉是顾客对产品或服务不满意，或认为自己的合法权益受到侵害而向企业、政府或第三方管理机构提起投诉以讨回公道的行为，投诉是顾客不满意的一种表现。

正确　□　　　　错误　□

2. 下面罗列了一系列忠实顾客和抱怨顾客对企业的影响的行为，从中得出的结论是什么?

- 顾客将他们的不愉快的使用体验对外传播两倍于他们传播满意的使用体验的人群。
- 一个典型的不满意顾客将对 8 ~ 10 人诉说他们的遭遇。
- 对企业的产品或服务有抱怨的顾客当中 70% 的人还会继续购买企业的产品或服务，如果企业圆满地解决了他们的问题的话。
- 如果企业的服务人员当场解决了顾客的抱怨的话，95%的有抱怨的顾客还会与企业做生意。
- 说服企业的现有顾客多购买 10%的企业的产品或服务要比企业试图增加 10%的新顾客容易得多。
- 提供服务的企业的 85% ~ 95%的收益来自他们的现有顾客。
- 赢得一个新顾客的成本六倍于保留老顾客的成本。
- 80%的成功的新产品或服务的创意来自顾客的建议。

结论：____

____

3. 为什么要实施差异化服务？

____

____

____

____

4. 根据自己的理解，描述“顾客投诉处理”工作流程各个步骤的具体流程：

（1）确定客户关心的问题和抱怨：____________________

（2）确定事实 / 问题和找出原因：____________________

（3）询问是否还有其他担心 / 问题：____________________

（4）与客户协商解决问题的方法：____________________

（5）采取行动和用易懂的方式解释结果：____________________

（6）对客户进行跟踪：____________________

（7）改进行动：____________________

任务二　自测表

在教师签字前，你应在教师的帮助下，找出所有的错误，进行改正	
	回答
知道顾客服务特性和关系	
知道售后服务企业的差异化服务策略	
运用顾客投诉处理流程处理顾客投诉	

教师签字 ______________ 日期 ______________

学生签字 ______________ 日期 ______________

任务三　顾客满意度追踪调查

学习目的

本任务可以帮助你认识衡量顾客满意度相关知识，合理运用顾客满意度调查方法。

（1）知道衡量顾客满意度指标含义。

（2）知道顾客满意度数据收集方法。

（3）运用顾客满意度的追踪调查方法。

学习信息

中国汽车售后服务客户满意度项目卡思调查（China Automobile After-sales Customer Satisfaction，CAACS），是由中国汽车维修行业协会汽车制造企业售后服务工作委员会（简称“售后工委”）受交通运输部及中国汽车维修行业协会委托，基于中国汽车售后服务满意度标准体系，在国内50个主要城市进行的汽车4S体系售后服务客户满意度调查研究活动。

经过前期充分的准备，在来自各级政府行业管理部门的支持和专家委员会指导下，第一次中国汽车售后服务客户满意度卡思调查（CAACS）项目于2009年度第四季度正式启动，并于2010年4月在北京国际车展期间进行了第一次行业内的数据发布。

卡思项目调研主要针对品牌汽车生产企业4S体系，覆盖目前市场上所有主流汽车品牌与车型。调研执行全部采用面对面访问形式，调研样本共计三万余份，调查方式全部采用一对一面访，是目前国内汽车服务满意度研究取样最细致样本规模最大的一次普查性调查。首届卡思调查（CAACS）数据结果的公正性、客观性和公平性得到了广大汽车制造企业的充分认可。

中国汽车售后服务客户满意度项目（CAACS）主要从以下六大维度来考核汽车品牌4S店的售后服务，如图7-5所示。

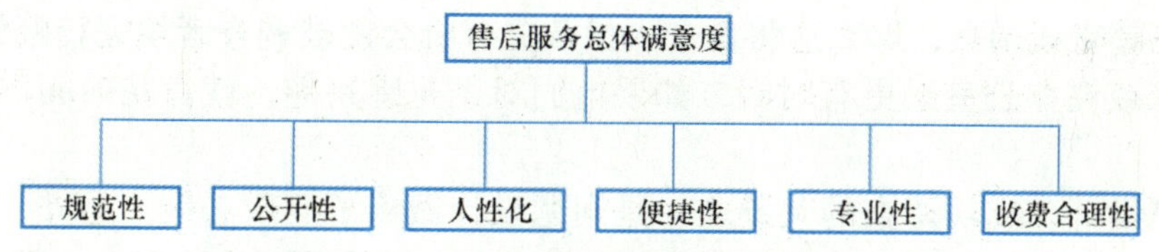

图7-5　汽车售后满意度项目组成

卡思调查满意度项目内容：

（1）规范性。考核品牌4S店遵守行业管理部门规定的情况。

（2）公开性。考核品牌4S店在价格、项目以及维修维护过程中对消费者公开的程度。

（3）人性化。考核品牌4S店在服务态度以及给消费者提供服务上的人性化程度。

（4）便捷性。考核品牌4S店在消费者在到店交通以及维修等待时间上的便利程度。

（5）专业性。考核品牌4S店在人员技能以及维修质量上的专业情况。

（6）收费合理性。考核品牌4S店在工时计费以及配件价格等方面的客户满意度情况。

一、衡量顾客满意度的益处

衡量顾客满意度对企业来说至少有以下六个方面的好处：

（1）有利于测定企业过去与目前经营质量水平，并有利于分析竞争对手与本企业之间的差距。

（2）了解顾客的想法；发现顾客的潜在要求；明确顾客的需要、需求和期望。

（3）检查企业的期望，以达到顾客满意和提高顾客满意度，有利于制订新的质量改进和经营发展战略与目标。

（4）增强企业的盈利能力。

（5）明确为达到顾客满意，企业在今后应该做什么；是否应该转变经营战略或经营方向。

（6）通过顾客满意度衡量把握商业机会、未来的需求或期望是最大的商业机会。

进行顾客满意度衡量的关键是通过衡量满意度，并提升企业顾客满意度，从而使顾客成为忠实顾客。

二、顾客满意度数据收集的方法

大多数顾客满意衡量工作都是通过调查进行的。调查可以是书面或口头的问卷、电话或面对面的访谈，以及专题小组和拦截衡量。

1. 问卷调查法

问卷调查法是最普遍的数据收集技巧。问卷调查法中通常包含很多问题或陈述，需要被调查者根据预设的表格选择问题后面的相应答案。有些调查法允许被调查者以开放的方式回答，从而能够更详细地说明他们的想法。这两种方法都很管用，能够提供关于顾客满意水平的有价值的信息。问卷调查法使顾客从自身利益出发来评估企业的服务质量、顾客服务工作和顾客满意水平。

（1）问卷形式。调查问卷可以使用多种形式和设计方案进行调查，此中的关键是使接受调查的人觉得“轻松友好”并容易理解和回答。同时调查不宜做得太长，因为人们在宽泛的调查中会失去兴趣，尤其当他们被“拦截”获取答复时。

如果采用邮寄式调查，那么这将比个人拦截更有机会使被调查者填完篇幅较长的问卷。人们发现在家或在办公室里更有时间，如果他们对企业感兴趣，就肯花时间协助企业完成调查。

（2）问题设计。成功调查的关键之一是问题设计做到了问所必问。另外，问题应该只包含一个观点或属性。在设计问题时，设计人员要考虑的最重要的因素是：保证问题简单，每个问题只限于一个主题。然后，问足够多的问题，以获得企业希望从顾客那里得到的所有信息，以评估顾客对企业的服务满意的真实水平。

对于问题的回答可以是开放式的，也可以是封闭式的。后者往往是某种量化表。当被调查者看到一个调查问卷时，他能从问题或陈述的开头就可以说出答案的类型。对封闭式问题的每一个答案都要规定一个刻度或权重，并且无论何时何地在同一个调查中使用同样的等级刻度或权重。

2. 电话调查

成功地进行电话调查，需要遵循以下五点基本原则：

（1）问题简洁明了原则。在电话调查中，被调查者都是在听调查者的问题或陈述，因此一定要保证问题和答案通俗易懂。

（2）准备一个范本原则。向所有电话调查员提供同一个范本。这个范本包括的内容有：调查员在顾客拿起电话后应该如何自我介绍，他们如何提出问题，如何响应顾客的回答，当顾客跑题时应该如何将顾客引回正题，如何使顾客不挂断电话以完成调查，以及如何感谢顾客提供的帮助。设计人员必须确保该范本为所有调查员所遵循，它不是电话营销范本，而是顾客调查范本。唯其如此，才能确保数据的客观性。

（3）易操作性原则。调查员必须能够迅速记下顾客对问题的回答，并能够紧接着进入下一个问题。答案的形式必须有利于回答，这样调查员就不会张冠李戴：不至于把答案放错位置，或者当作另一个问题的答案。并且应培训调查员，让他们首先采访问卷设计人员，直到让设计人员感到满意。

（4）感谢顾客。调查之初，当顾客同意接受调查时，调查员就应该表示感谢；调查进行之中，当询问了几个问题之后，调查员也应该表示感谢；调查结束之时，调查员更应该表示感谢。

3. 专题小组

专题小组的调查形式在市场调查中得到广泛应用，但是必须记住，专题小组的价值受制于特定小组的特定参加者。因此，为了使专题小组获得的资料更有效、信息更充分，专题小组应纳入从全国各地不同区域选出的各种不同的顾客，他们有不同的购买习惯，他对服务质量的看法和满意水平也不尽相同。

4. 面访（包括入户访问、拦截式访问）

入户访问的要求比较高，要求知道所有顾客的住址，另外访问成本是最高的。拦截式访问是指当顾客进入或离开一个商业区域时，调查者拦住顾客，并开始询问顾客问题。顾客是被“拦截”的对象。拦截式访问可以是书面的调查或口头访谈或两者兼而有之。拦截法成本较低且可以控制。

5. 其他方法

其他方法包括座谈会、深度访谈、顾客投诉文件分析等定性分析法。

6. 神秘顾客研究

神秘顾客研究（Mystery Customer Research）是顾客满意度调查的重要方法之一。其做法是：由对被调查行业有较深了解的调查者，以普通顾客的身份亲历被调查企业的服务及产品，在真实的消费环境中以专业的视角感知企业与顾客接触的每一个真实时刻（Moment of Truth），并将其消费经历、感受、评价等以《顾客经历报告》的形式反馈给被委托人。由于被检查或需要被评定的对象无法确认神秘顾客，较之领导定期或不定期的检查，能够更真实、客观并系统地反映出目标对象的真实状况。所以，这种方法越来越吸引企业使用，是被证明切实有效的市场研究方法。艾力森使用的“神秘顾客”由经严格培训的访问员扮演成顾客和直接在市场招募准顾客再加以培训构成。依据不同的项目，将分别使用不同的人。

神秘顾客调研的调查者不仅是服务质量的测量者，而且是以真实顾客的身份去亲历服务，这使得调查者体验到的服务更接近其真实的质量水平。同时，调查者以其自身的个性需求、经历、兴趣偏好、主观感受等在真实的服务场景中与服务的提供者产生双向互动，从而使观察到的结果更接近于质量的本质，即质量更多的是体现为一种满足顾客需要的能力，而非既定的程序、标准。

神秘顾客不同于一般性调查的访问员，具有较高的综合素质和理解能力、良好的心理状态、端正的工作态度、敏锐的观察、分辨能力是调查质量的有力保证。神秘顾客要始终坚持公平、公正、中立、保密的工作原则，具备议价能力，有相当的记忆能力。神秘顾客分为两种，一种为即时神秘顾客（随机抽取那些正在消费、服务的顾客，对其进行即时调查监测）；另一种为长期神秘顾客（经相关培训的专门人员，对服务专业型较强的企业、单位进行长期监测）。具有了行为学、心理学基础知识的神秘顾客在调查过程中，表现得更自然、不易暴露，另一方面更容易了解服务人员的心理，易于发现服务管理中存在的问题。

神秘顾客要始终坚持公平、公正、中立的工作态度，并具有良好的心态和心理素质，要始终保持一种普通顾客的心态。由于服务质量是由有形实物质量、有形的服务设备和服务设施的质量、有形的服务环境的质量和无形的服务劳动的质量构成的统一体，每一部分都是服务质量不可分割的组成部分。因此，神秘顾客进行调查时就要遵循“眼看耳听、用心感受”八字方针，使硬件服务和软件服务均得到综合考察。“眼看”就是根据考核的服务质量指标，细心观察服务设施是否齐全、营业人员的服务形象等内容；“耳听”就是倾听营业人员服务过程中服务用语、业务介绍；“用心感受”就是感受营业环境和设施，营业人员的服务态度、意识。

三、顾客满意度衡量指标

衡量顾客满意度的方法很多，但在服务业中，最常用的客户满意度衡量方法是分析顾客满意度指数。

顾客满意度指数就是从总体、综合的角度，将我们对顾客满意度的衡量指数化，即消费者对企业、行业，甚至国家在满足顾客需求方面进行评价，主要是从顾客角度衡量产出的质量。

（1）美国顾客满意度指数。美国在顾客满意度的研究方面具有一定的权威性，美国顾客满意度指数（ACSI）模型也为较多的学者所引用，并为其他国家所借鉴。顾客满意理论认为，顾客的满意程度将会导致两个基本结果：顾客抱怨和顾客忠诚。用函数关系表示为

$$\text{顾客满意度}=f(\text{售前预期，售后表现})$$

（2）国内顾客满意度指数。目前国内最常用的方法是形成顾客满意度指数（CSI），在设计了一个顾客满意度指数后，这项工作就会容易一些。这个指数通常是把所有的得分汇编成一个数字或百分比。例如，可以让顾客对有关满意方面的50个条目或因素打分，然后把所有这些积分加总平均，把这个平均数作为指数。或者，可以对这些答案按照重要性分配权数，然后将加权平均数作为指数。中国售后服务满意度指数（CSI）研究的主要评价因子包括服务质量、服务后交车、服务启动、服务顾问以及服务设施五项因子，以测评车主在购车的12～24个月，对品牌售后服务部门所提供维护和维修服务的满意度进行评价。

四、顾客满意度调查的注意事项

尽管顾客满意度在某些企业已经被提升到了战略地位，但在大多数中国企业还仅仅是点缀。这不仅是众多的企业还没有开始“以顾客为中心”的转变，也是因为那些有心转变的企业还无力执行，缺乏了解顾客、实施顾客调查的能力与经验。以下几点也许可以作为准备进行或改进顾客满意度调查的企业参考。

1. 设计专业的问卷

很多人觉得问卷设计只要是个人就可以做。这就是为什么今天中国的网站上到处都是各种惨不忍睹的调查。这些调查很少有设计科学的。调查题的遣词用语带有很强的情绪性与暗示性，内容分类不是互相重叠就是丢三落四，多重解释，常常使用生僻用语或特定词汇。使用这些拙劣的调查问卷，调查结果通常不用看也能猜出来。人们更可以“调查”出任何预设结论的数据出来。顾客满意度测定内容应该与时俱进，不要指望出现顾客“百分百满意”的时候。

2. 影响顾客满意度因素的权重各不相同

测定顾客满意度的目的是为了改善对顾客的产品与服务提供及顾客体验。一个企业的资源有限，不可能将任何影响顾客满意度的问题全部立马解决，通常应当分出轻重缓急，在一段时间内重点解决那些影响重大的问题。

企业为提升顾客满意度首先要解决的是顾客服务问题。进一步的研究发现，即使确定了顾客服务的重要意义，对顾客服务的改进也同样要分轻重缓急。某企业顾客满意度与客服中心的下列各表现的相关度由强到弱逐渐递减：坐席素质→电话平均接起速度→首次来话解决率→等候时间→不超过一次的“热接转”→服务时间与每周天数→对顾客的情况了解程度→低于 2×4 的语音菜单设置→差异化的顾客体验。同样，要改进顾客满意度，有限的资源应当首先用于前面几项。

3. 满意度高不一定表明忠诚度也高

满意的顾客并不一定是忠诚顾客。只有对自己购买和使用的产品和服务满意，愿意一直使用或者再次购买，而且推荐给自己的朋友等，才是忠诚顾客的标志。顾客忠诚与否还与行业的竞争强度有关。一般情况下，电信业就是一个低满意度而高忠诚度的领域，而计算机、汽车行业就是相对高满意度而低忠诚度的领域。当企业调查的目的是为了了解或预测顾客忠诚度时，不要轻易地从满意度指标推导。

4. 期望值影响顾客的满意度

一般来说，期望值的高低影响顾客对产品与服务的评价，而顾客的期望值提升容易降低难。有的时候某些顾客表现出比较满意，并不一定是因为企业的表现优异，而是顾客没有经历过优质服务，没有比较。通常坐国内航班的旅客将机上服务与火车服务比，很多会非常满意。但有乘客一旦享受（或者了解）过新加坡航空等国际级服务，对国内航空公司的服务评价就会截然不同，更不要谈对那些地方航空公司了。由于中国各地的经济发展水平的差距，我们在一个全国性统一产品与服务的企业常常看到落后地区的顾客满意度较高也就不足为奇了。随着经济的发展与信息的流通，各地的顾客期望值都会不断上升，相反方向的走势很少会看见。

5. 处理好顾客满意与员工满意度的关系

测量顾客满意度应该与衡量员工满意度结合起来。员工也是管理者的“客户”，如果管理者不知怎么让员工满意，员工也不一定学得会如何让客户满意。测定员工满意度同样需要深入了解细节，给出足够选择，迅速做出反馈。

6. 顾客满意度调查后应当有后续感谢及改进行动

设计客户满意度调查不应到分析报告出炉为止。除了企业内部需要制定改进举措外，应当给被调查者足够的反馈，至少是对其参与表示感谢。香格里拉酒店集团定期对客户进行调查。某顾客去年填了一次表，交到前台后得了一张价值 80 元的餐券，不久又收到电子邮件，对参与表示感谢，并对该顾客的一些建议写明了改进措施。该顾客在问卷中提出别家酒店在客房放有文具，方便了住客办公。虽然该酒店没有因此为每个客房添置，但只要该顾客一入住，服务员会事先在他的房间放上一个文具架。同样是满意度调查，对于汽车售后服务企业来说，通过顾客满意度调查显示的结果，集中讨论分析顾客不满意的关键点所在，通过讨论总结服务中存在的问题，提出整改方案，更好地满足顾客的需求，提升服务品质才是最终提升顾客满意度的关键所在。

回答下列问题

1. 请描述顾客满意及顾客满意度的定义，以及顾客满意度调查对于汽车售后服务企业的重要意义。

____
____
____
____
____
____

2. 判断下面说法的正确性，请在对应的“□”中打“√”。

（1）衡量顾客满意度有利于测定企业过去与目前经营质量水平，并有利于分析竞争对手与本企业之间的差距。

正确 □　　　　　　错误 □

（2）通过顾客满意度调查可以了解顾客的想法，发现顾客的潜在要求，明确顾客的需要、需求和期望。

正确 □　　　　　　错误 □

（3）衡量顾客满意度并检查企业的期望，以达到顾客满意和提高顾客满意度，有利于制订新的质量改进和经营发展战略与目标。

正确 □　　　　　　错误 □

（4）提升顾客满意度可增强企业的盈利能力。

正确 □　　　　　　错误 □

（5）通过顾客满意度调查可以明确为达到顾客满意，企业在今后应该做什么，是否应该转变经营战略或经营方向。

正确 □　　　　　　错误 □

（6）一个企业尽可能利用企业的资源一次性将任何影响顾客满意度的问题全部解决，以获得长期利益。

正确 □　　　　　　错误 □

（7）客户忠诚与否还与行业的竞争强度有关。一般情况下，汽车行业就是一个低满意度而高忠诚度的领域，而计算机行业就是相对高满意度而低忠诚度的领域。

正确 □　　　　　　错误 □

（8）对于汽车售后服务企业来说，通过顾客满意度调查显示的结果，集中讨论分析顾客不满意的关键点所在，提出整改方案，提升服务品质才是最终提升顾客满意度的关键所在。

正确 □　　　　　　错误 □

学习完本任务后，完成下列任务

在老师的带领下，来到客户服务中心，可根据企业的服务情况进行顾客满意度问卷设计，并收集问卷，整理总结服务过程中的顾客满意度情况，并分析讨论。

学习活动形式——角色扮演

学生在下面的两个场景中分别扮演以下角色：服务顾问、车间主任、质检、配件等工作岗位的人员，按照“客户投诉处理”流程进行全过程的模拟练习。

场景一：与客户李女士约好 16:00 取车，但是已经 16:30 了车辆还未修好，客户不高兴，车间主管报告说还要再等一下，客户十分不满，因为她 17:00 之前要去幼儿园接小孩。要求：作为服务顾问，如何有效与客户沟通并解决客户抱怨？要求服务过程中能够正确解决客户问题，体现客户关怀，提升客户满意度。

场景二：扮演“神秘客户”，假设你是车主张先生的朋友方文随车来店做维护并表示发动机有发抖的现象、音响的声音感觉不太好。服务顾问小李接待，完成整个服务流程。要求你对售后服务顾问进行服务调查，以评定服务顾问小李服务品质。

任务三　自测表

在教师签字前，你应在教师的帮助下，找出所有的错误，进行改正	
	回答
知道衡量顾客满意度指标含义	
知道顾客满意度数据收集方法	
运用顾客满意度的追踪调查方法	
教师签字 ______________ 日期 ______________ 学生签字 ______________ 日期 ______________	

项目七　学生学习目标检查表

你是否在教师的帮助下成功地完成单元学习目标所设计的学习活动	
	肯定回答
专业能力	
知道顾客期望、顾客满意及顾客忠诚的含义	
知道汽车售后服务企业顾客满意服务策略	
知道顾客服务特性和关系	

（续）

知道售后服务企业的差异化服务策略	
运用顾客投诉处理流程处理顾客投诉	
知道衡量顾客满意度指标的含义	
知道顾客满意度数据收集的方法	
运用顾客满意度的追踪调查方法	
关键能力	
你是否根据已有的学习步骤、标准完成资料的收集、分析、组织	
你是否通过标准，有效和正确地进行交流	
你是否按计划有组织的活动？是否沿着学习目标努力	
你是否尽量利用学习资源完成学习目标	

完成情况

所有上述表格必须是肯定回答。如果不是，应咨询教师是否需要增加学习活动，以达到要求的技能。

教师签字 ______________________

学生签字 ______________________

完成时间和日期 ______________________

参考文献

[1] 段钟礼，张搢挄．汽车服务接待实用教程［M］．北京：机械工业出版社，2010.

[2] 王琪．汽车市场营销［M］．北京：机械工业出版社，2009.

[3] 胡建军．汽车维修企业创新管理［M］．北京：机械工业出版社，2002.

[4] 傅厚扬，冉广仁．汽车维修企业设计与管理［M］．北京：人民交通出版社，2006.

[5] 王之政．汽车维修企业规划设计实务［M］．北京：人民交通出版社，2005.

[6] 雷琼红．汽车使用与技术管理［M］．北京：人民交通出版社，2009.

[7] 金锡万．管理创新与应用［M］．北京：经济管理出版社，2003.

[8] 李德明，王抒．我国汽车 4S 店经营管理问题及对策研究［J］．市场论坛，2008（7）.

[9] 储江伟．汽车维修工程［M］．北京：人民交通出版社，2008.

[10] 林幼槐．精确管理：方法与工具［M］．武汉：武汉大学出版社，2007.

[11] 卜庆军．美国汽车维修行业连锁经营模式及其对我国企业提高核心竞争力的启示［J］．商场现代化，2005（6）.

[12] 梁燕．顾客满意度研究述评［J］．北京工商大学学报，2007（3）.

[13] 菲利浦·科特勒．营销原理［M］．北京：中国人民大学出版社，2003.

[14] 刘新燕．顾客满意度指数模型研究［M］．北京：中国财政经济出版社，2004.

[15] 刘同福．汽车维修企业 8 项管理［M］．北京：机械工业出版社，2008.

[16] 许可．汽车维修企业管理基础［M］．北京：电子工业出版社，2010.

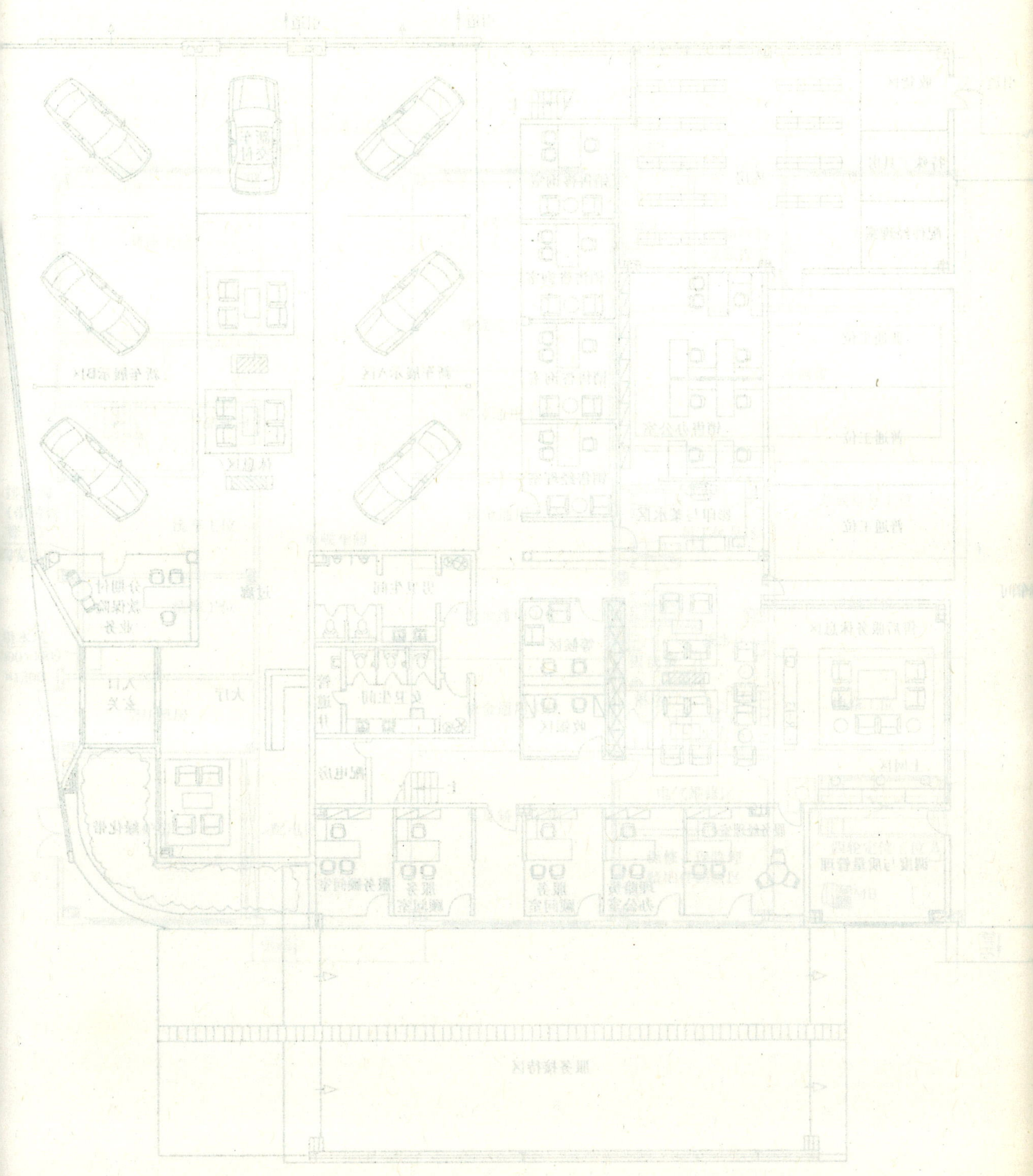